CECI EST MON CŒUR

DU MÊME AUTEUR

Les méduses ont-elles sommeil ?, Gallimard, 2016
(prix Renaudot du livre de poche 2017)

LOUISIANE C. DOR

CECI EST MON CŒUR

nouvelles

Robert Laffont

ISBN 978-2-221-21765-8
Dépôt légal mars 2018

Bleu à se perdre dedans

La nuit je me sens plus puissante. Si nous étions au beau milieu du jour, je ne sais pas si j'en aurais le courage.

Je préférerais que cela se passe autrement. Avoir le consentement de mes proches ; ne pas fuir emmitouflée dans l'angoisse que l'on vienne un jour me chercher. Je préférerais me sentir libre de me tirer de là sans crainte mais j'ai la boule au ventre. Pourtant je suis sûre de ce que je fais.

C'est la lune rousse. Je suppose que c'est la raison pour laquelle Hippolyte a choisi de venir me chercher ce soir : c'est romantique, une lune rousse. Il m'embarque je ne sais où, quelque part dans ses bras. Cela fait des semaines que j'en rêve. Des semaines que cette idée m'obsède : disparaître de cette vie pour n'appartenir qu'à lui.

Je descends l'escalier à pas de fantôme, marche après marche, et ferme délicatement la porte d'entrée. Hippolyte m'attend non loin de la maison, caché derrière les arbres morts. À quelques mètres de lui, je peux déjà respirer son odeur – cette banale odeur de l'autre, qui se transforme en un parfum enivrant lorsque *l'autre* devient *vôtre*. Mes lèvres viennent se coller aux siennes et soudain, je me sens toute cotonneuse. Je ne sais plus ni parler, ni penser. Nous sortons rapidement du jardin, main dans la main, avant de sauter dans sa voiture. Mes proches ne comprendraient pas. S'ils me voyaient avec lui, ils hurleraient, ou s'évanouiraient.

Hippolyte m'a séduite. Pourquoi et comment, je l'ignore. C'est la douceur de son visage sûrement ; et sa façon de me dire Tu es plus belle que toutes les autres. Je ne saurais expliquer d'où vient cette extase qui m'envoûte lorsque nous sommes ensemble, pourtant tout ça est bien réel – j'en suis dingue. Les a priori que je pouvais avoir sur la théorie du coup de foudre avant de le rencontrer ont volé en éclats. Je ne suis pas folle. C'est l'amour qui est insensé. Ce sont ses yeux bleus qui sont fous d'exister. Ses yeux couleur d'été, son sourire innocent me veulent du bien.

Sa voiture est sommaire, j'aime sa simplicité. Un sapin odorant et des compiles qui traînent. Nous démarrons puis roulons pendant des heures à travers la nuit. Les panneaux, les villes, les hôtels, les aires de repos se succèdent. Toute cette vie qui défile, la mienne est loin derrière – la mienne est loin *devant*. Alors que les plots lumineux s'efforcent de me tenir éveillée, je sombre presque lorsque Hippolyte se gare sur le parking d'un hôtel. Il se nomme Le Wake Up, son enseigne clignote en bleu. Bleu comme ses yeux.

Nous restons plusieurs jours au Wake Up. Et durant ces jours, je suis tout à lui. Hippolyte me dit Viens, dans mes bras tu seras bien. Et moi j'y crois, j'ai trop envie d'y croire. Hippolyte, comme il est beau et grand, Hippolyte qui me considère, Hippolyte qui m'apprivoise et m'installe confortablement sur un piédestal. *Hippolyte*, prononcer son prénom, l'effet que ça me fait ! Roméo peut bien aller se rhabiller.

Non, je ne suis pas folle. Je ne suis pas plus folle que quiconque. Si je suis folle ce n'est que de lui. Ses cheveux grisonnants existent pour que je puisse y passer mes mains. Ses grands doigts se perdent sur mon corps, se perdent *dans* mon corps. Son souffle vient s'installer dans mon cou, il est ici avec moi et plus rien n'existe. Mes proches qui s'inquiètent sûrement, plus rien n'a d'importance. Lentement, Hippolyte vient m'habiter. Comme j'aimerais rester là toute ma vie. Comme j'aimerais ne jamais me décoller de lui. Me séparer d'Hippolyte, ce serait comme me tailler le poignet dans le sens de la longueur.

— Pourquoi n'as-tu pas peur de moi ?

— J'ai comme un papillon dans le cœur.

Et ses ailes me voilent la face.

La quatrième nuit au Wake Up, impossible de m'endormir. L'épuisement m'assomme, mais mes pensées s'opposent à mon sommeil. Je me demande pourquoi, dans la vie, il y a toujours un tas de questions, et de remords, qui viennent vous assaillir alors que vous étiez bien, dans votre confortable lit de soie, pourquoi le fil des yeux brodés finit toujours par craquer, pourquoi lorsqu'on est sûr de soi on n'est jamais vraiment si sûr de soi, et pourquoi l'amour ne suffit-il pas ?

Dans les deux heures du matin, je me rends dans la pièce commune. L'endroit est vide, le silence palpable, personne à l'horizon, je suis seule comme je l'ai rarement été. Il y a des ordinateurs, et des papillotes qui m'attendent sur le comptoir. Il y trône cette biche à qui on a coupé la tête, ces poissons en bocal qui ne servent ni plus ni moins qu'à décorer l'humain ; et puis il y a la télé, en sourdine, sur laquelle ma photo s'affiche avec une stupide légende, « Une jeune fille de treize ans enlevée samedi à Neuilly. » Le portrait-robot d'Hippolyte est mal fait, puis il n'a pas ses yeux bleus, bleu éperdument, bleu à se perdre dedans.

Zappez-moi

— Tu me fais penser à Bardot, en 67, 68, par là. C'est ton nez, ta bouche surtout. Elle avait ta bouche. C'est toi qui as sa bouche. Un peu charnue, comme ça.

Je ne ressemble ni à BB ni à Marilyn, je ressemble à Loana. Je ressemble au désespoir passé sur le billard. Si, ce soir, la discothèque est pleine à craquer, c'est grâce à Max et moi : tous ces gens sont ici pour nous voir. C'est notre notoriété qui les a fait venir, notre notoriété naissante.

Max est à moitié avec moi. L'autre moitié de lui est perdue quelque part entre les notes de musique et le public qui hurle nos deux noms. Je sais qu'il est amoureux, ou qu'il m'aime bien, du moins. Depuis l'émission où il n'a cessé de me coller et de me défendre, je le sais.

Max a bien vécu le retour à la vie réelle. Comme si tout était normal, comme s'il avait toujours été célèbre. Il joue le jeu, il rit lorsqu'on lui arrache une mèche de cheveux, il rit, même, quand on le traite de baltringue.

— T'es belle mais t'es pâle. T'as mangé ? Je suis sûr que t'as encore rien mangé.

— J'ai mangé, c'est pas ça.

Je tire sur le bas de ma robe rouge, sur laquelle j'ai machinalement cousu un morceau de crépon. C'est ma robe fétiche. Je la regarde de haut, cette robe, elle a un côté nouveau riche ou pire : faux riche. Ce soir, je fais bonne figure mais je me sens mal, j'ai les nerfs au bord des yeux, les veines prêtes à éclater. Je me sens comme un bébé perdu dans la foule, comme un minuscule oisillon au milieu de mille rapaces. C'est le soir de la goutte d'eau, le soir du trop-plein. J'ai fait une grosse bêtise mais personne ne le sait. Pas encore.

— On peut partir, là, non ? C'est bon, ils nous ont vus, on a bien souri, on peut partir, partons.

Je me suis tuée en trois mois. Trois mois, c'est le temps qu'il faut au cerveau pour faire un tour sur lui-même. Pour laisser s'évaporer tout ce qu'il contient. Trois mois. C'est le temps qu'il m'a fallu pour devenir folle. Folle avec un grand F qui vous pique et vous transperce. FOLLE. C'est un titre qu'on pourrait lire sur les unes des magazines people. Paloma est devenue folle. Se laisser enfermer plusieurs semaines dans un loft en banlieue, ça rend célèbre. Ça rend célèbre et ça rend fou. Le monde avance et vous, vous êtes là à stagner. À ne pas avoir l'heure ni le téléphone. À n'avoir comme seule occupation que le commérage à plein temps. Parler avec les autres, les aimer les détester, puis les aimer à nouveau. Entrer dans l'émission en n'étant personne et ressortir en prétendant être quelqu'un. On me suit, de jour comme de nuit, on me poste déclarations comme menaces, ça n'en finit plus, ça n'en finit jamais. Un jour ça s'arrêtera, et ce sera pire encore : je ne serai plus personne.

Jusqu'à ce soir, j'ai continué à faire semblant, j'ai continué à faire le show en boîtes de nuit, j'ai continué à sourire sur les photos avec les fans. Fans de quoi, fans pourquoi ?

Je voulais briller ou rien. Pour moi, la vie faite de couleurs primaires ne valait pas plus qu'un café sans sucre. Pourquoi est-ce que j'ai voulu entrer dans la télévision, pourquoi est-ce que je n'ai pas pu – comme tous ces gens normaux dont je faisais partie jusque-là – me contenter de la regarder ? Regarder passer dans le vivarium ces humains que l'on transforme en machines à sous, ces humains que l'on dénature, vide de tous sentiments, comme des poupées à peine articulées, et sans paroles, sans rides, sans aucune preuve de vie. Un monde aux peaux lisses, aux visages repassés.

J'avais une faim insatiable de notoriété, je voulais être connue à tout prix, qu'on connaisse mon nom, qu'on reconnaisse mon visage. Qu'on sache qui je suis. Et je ne suis personne. Je ne suis rien de plus que quiconque, je n'ai pas de talent, je ne chante pas, je ne joue pas la comédie. Je n'en ai, pour ainsi dire, rien à fiche du monde artistique. Je voulais me laisser enfermer entre quatre murs, étouffée par une voix robotisée, qui nous ordonne toute la journée de décrocher un téléphone, de coucher avec Truc ou Machine. On m'a répété deux cents fois que j'allais me griller dans le milieu, que j'allais me griller dans la vie, que participer à ce genre de téléréalité, c'était comme me pendre sur la voie publique. Je le savais, évidemment que je le savais, mais qu'est-ce que j'en avais à faire : je voulais être connue.

J'ai nourri ma bête noire. Je l'ai engraissée. Engraissée jusqu'à ce que sa panse explose. Jusqu'à ce que mes yeux – dans lesquels le tapis rouge étincelait – divaguent. Jusqu'à ce que les boîtes de Lexomil s'accumulent dans ma pharmacie. Qu'est-ce que j'ai gagné, à part le droit de tout perdre ?

— Souris, ta bouche est belle, ils sont venus pour toi. Souris. Mais souris !

Nous sommes le soir du trente et un décembre et je n'arrive plus à faire semblant. D'ailleurs je n'essaie même plus. Ça tremble à l'intérieur de moi, ça grésille. Je tente de me concentrer sur la musique pour ne pas entendre les cris mais ça grésille trop. J'ai mal au crâne, la tête pleine à craquer.

Les gamines à l'avant répètent mon nom comme si je l'avais oublié, elles me tendent les mains l'air désespéré, comme si le fait que je touche leur peau allait les sauver de je ne sais quel virus incurable. Paloma par-ci, Paloma par-là. Paloma regarde-moi, Paloma une photo, Paloma, Paloma, Paloma.

L'émission a débuté le premier septembre, c'était un jour normal, un jour de pluie, un jour *tellement normal.* Elle s'est terminée le vingt-cinq novembre et à ma sortie, le calendrier n'existait plus. Il n'y avait plus de jours et plus d'heures, il n'y avait plus d'amour et plus de haine, il n'y avait plus rien.

Un Lexomil pour papa. Un Lexomil pour maman. Un pour Max. Un pour le présentateur de l'émission. Un pour le paparazzo qui dort devant chez moi. Un pour le magazine qui a publié des photos de moi nue. Un pour ma rhinoplastie. Un pour ma mammoplastie. Et un dernier parce qu'il faut bien finir la boîte.

Max danse et crie, chauffe la salle. De temps en temps, et de plus en plus, il jette un œil sur moi.

Je crois qu'il sait que je suis en train de fondre, peut-être devine-t-il mon cœur qui ralentit. Dans son regard, je perçois l'inquiétude. Et bientôt je ne perçois plus rien, je vois trouble ; je me sens soudain toute chose, euphorique et liquide à la fois.

Max cesse de sourire et me regarde, il me regarde vraiment, il pose ses yeux dans les miens. Il a compris.

— Paloma, t'es toute blanche.

Est-ce que Max est amoureux de moi ? Est-ce que mes fans m'aimeront toujours ? Est-ce que ma mère a honte de moi, est-ce que j'ai toujours un cœur ? Peut-on voler l'amour ? Et qu'est-ce que l'amour ? Pourquoi ai-je besoin de tant d'amour ? Je suis entrée dans l'émission avec l'illusion qu'en sortant, le pays entier m'aimerait, mais ce n'est pas de l'amour, c'est juste de la folie, ou de la curiosité, une curiosité folle. Je suis la chef d'orchestre d'une foule en délire qui acclame mon non-talent, qui me crache au visage un amour infesté de mauvais sentiments, et je n'ai qu'une envie, rentrer à la maison, m'asseoir sur mon canapé d'occasion avec ma mère à ma droite et Max à ma gauche qui, en cachette, me tiendrait la main. Nous serions tous les trois, assis *devant* la télévision et non *dedans*. Comme des gens normaux, comme de l'amour normal. La vie.

Mais c'est trop tard.

Au décompte des dix secondes avant minuit, je sens ma tête et mon corps tanguer d'un côté à l'autre.

Cinq

Quatre

Trois

Deux

Un

Lorsque le DJ, dans le micro, crie « Bonne année », je m'effondre.

L'absence

C'était il y a quinze ans. Cédric m'offrait une pile de livres pour mon anniversaire. Je lisais énormément, je dévorais les livres. J'écrivais aussi. J'écrivais jusqu'à cet après-midi de décembre 1999 où l'envie m'est passée.

J'ai d'abord entamé *L'Absence d'absence*, un livre à la première de couverture banale et à la quatrième un peu vague. J'ai été dirigée vers lui, instinctivement. J'ai vite compris pourquoi. Plus j'avançais dans le récit, plus je pouvais devancer les mots de l'auteur tant l'histoire semblait m'appartenir. J'ai lu et relu ce livre, avalé chaque lettre, en ai décroché les phrases pour les répéter à haute voix.

L'Absence d'absence a été écrit par un certain Félix Brun et publié en 1999.

Depuis quinze ans, il est resté à mon chevet, j'ai prêté la quasi-totalité de ma bibliothèque mais celui-là jamais : il est ma bible. Dans ce récit, Félix racontait son sentiment d'impuissance face à une imagination trop débordante. Quand on est écrivain, quand on invente des histoires, on s'emmêle parfois les stylos. Avoir trop de créativité, selon lui – selon moi aussi –, serait un poids, une tare, un boulet au pied. L'imagination pourrait amener à de la confusion dans la vie réelle, on ne saurait plus bien quand les événements doivent être pris au sérieux, quand il faut les matérialiser ou quand ils ne sont que des nuages qui passent, qui vite fait s'éparpillent pour laisser entrer à nouveau la clarté.

Dans *L'Absence d'absence*, Félix raconte comment la vie de famille peut devenir un décor si vos pensées se figent sur un être fictif. Aussi, il évoque les musiciens qui lui permettent de se concentrer pendant l'écriture, et, comme moi, c'est entre autres Chopin qui orchestre ses lignes ; qui lui permet d'attraper les mots qui ne se laissent pas chasser. La musique implante un décor de film, et du scénario qui se déroule nous n'avons plus qu'à noter ce que nous voyons, ces images qui semblent évidentes, déjà existantes. La narration glisse et c'est ça, l'art, c'est quelque chose qui nous rend à ce que nous sommes à la base. C'est se vider et se remplir à la fois. L'art détruit aussi bien qu'il nourrit l'âme.

Après avoir refermé *L'Absence d'absence*, il me semblait pouvoir lire à travers Félix comme si je me regardais moi-même dans le miroir. J'ai éprouvé la sensation – plus, la certitude – que Félix m'avait connue, et que j'avais connu Félix.

En décembre 1999, lorsque je suis passée devant cette librairie de Saint-Michel qui annonçait en vitrine « Vendredi prochain, Félix Brun dédicacera son roman à quinze heures », je suis devenue liquide. Je me suis assise sur un banc en face de la librairie et, alors qu'une passante me demandait la direction du métro, j'ai répondu :

— À quinze heures.

Ce vendredi, je partais de chez moi bien à l'avance pour être sûre que le trafic ne me jouerait pas de tour. Sur le chemin, j'ai écouté en continu *Just my Imagination*, les Cranberries me donnaient du courage. Du courage, pour rencontrer l'homme avec qui je finirais probablement mes jours, il m'en fallait beaucoup.

Je savais déjà comment la rencontre se déroulerait. J'entrerais dans la librairie, où la porte s'ouvrirait avec une facilité accueillante. Comme toutes les autres, je ferais la queue. Mais je n'étais pas comme toutes les autres, et il le saurait bien assez tôt. La file fuserait. Lorsqu'il se trouverait devant moi, moi devant lui, il demanderait Qui êtes-vous ? et je n'aurais pas même besoin de répondre puisqu'en levant les yeux, il comprendrait. Il comprendrait l'évidence. Alors nous sortirions tous deux et parcourrions le boulevard main dans la main, sans rien nous dire, nous souriant simplement. Et puis nous nous assiérions sur un banc face à la Seine, nous parlerions littérature ou musique. Il me dirait J'adore Sagan et je répondrais Moi aussi, je lui dirais J'adore le piano et il répondrait Pas autant que moi. Les passants se retourneraient sur nous, ils se diraient C'est dingue, ces deux-là, l'aura qu'ils dégagent. C'est ce qui allait se passer. Ou, du moins, c'est ce que j'espérais qu'il se passe.

Je suis arrivée à quatorze heures cinquante-six. La librairie était pleine à craquer. J'ai poussé la porte d'entrée qui était affreusement lourde et je me suis retrouvée là, parmi des dizaines de groupies. Aussitôt, une impression de déranger m'a envahie. Puis, comme toutes ces femmes qui étaient là pour Félix, j'ai fait la queue. À cet instant, il ne s'était encore rien passé. Normal : il ne m'avait pas encore vue.

— C'est pour qui ?

— Pour Valérie.

— C'est pour qui ?

— Pour Estelle.

Hors de question qu'il griffonne son nom sur mon exemplaire, comme il le faisait pour toutes ces filles. Je voulais que ce soit moi, lui, un moment spécial qui aurait différencié ma présence de celle des autres. Je voulais qu'il comprenne qui j'étais, qui nous étions : deux êtres nés pour nous rencontrer. En attendant, les minutes s'éternisaient, mes jambes s'engourdissaient, mes pieds souffraient le martyre. Jusqu'à ce que je me trouve devant lui. Il se tenait là, réel, humain.

— C'est pour qui ?

— Pour moi.

— Pour « moi » qui ?

— Eh bien, pour moi.

Il a relevé la tête, a passé quelques secondes à décortiquer mon visage, sourcils haussés, l'air de penser Qu'est-ce que c'est encore que cette illuminée ? Puis il a jeté un œil à la file désormais bien moins longue, et a réajusté ses lunettes en se raclant la gorge.

— *Pour « vous », Amitiés, Félix Brun.* Suivante !

J'ai souri niaisement et je suis sortie de cette librairie dont l'air commençait sérieusement à me peser. J'ai marché au hasard pendant un temps complètement décompté, déchiquetant la peau des feuilles mortes pour n'en garder que le squelette. Ma bêtise m'assassinait. J'ai enfilé le casque de mon baladeur et j'ai de nouveau écouté *Just my Imagination*. Soudain, je détestais Cranberries.

Love 2000

« On a aussi peu de liberté maintenant
qu'il y a vingt ans : faire l'amour
était alors interdit aux jeunes filles ;
maintenant c'est presque devenu
obligatoire. Les tabous sont les mêmes. »

Françoise Sagan

À quoi sert-il de *le faire*, à part à satisfaire l'autre, et à pouvoir dire qu'on *l'a fait* ? C'est essentiel, de pouvoir dire qu'on l'a fait. C'est vital. C'est un critère. Il faut avoir couché comme tout le monde. Il faut s'habiller comme tout le monde. Laisser ses goûts au placard, se vêtir des goûts des autres. Il faut écouter la même musique que tout le monde. Écouter Booba et l'appeler B-deux-O. Ne surtout pas écouter Maria Callas ni La Rue Ketanou. Sinon vous n'existez pas. Vous êtes cette gamine de la troisième B. Vous êtes la recluse. Celle qui n'a pas voulu, celle dont personne ne veut. Celle qu'on bouscule, celle qui s'excuse quand on la bouscule.

Sur Skyrock, elles en parlent toutes. Elles disent « Moi ça m'a fait grave mal » ou « Moi j'ai trop pas senti », mais aucune de ces filles ne semble émerveillée par sa première fois.

Je me doutais bien que ça ne baignerait pas dans l'eau de rose. Ma grand-mère m'avait dit Choisis-le bien parce que tu t'en souviendras toute ta vie. Alors toute ma vie, je me souviendrai du latex qui sépare mon malaise de la grossièreté de ses râles. Je me souviendrai de ses réflexions tue-l'amour et de ma culpabilité quant à mon corps qui refuse de se laisser ouvrir au plaisir. Alex s'articule sur moi, avec son déodorant Axe et ses poils sur le torse. La lumière du jour pour éclairer ma honte. La douleur, et ce silence gênant. Mais je ne peux rien y faire. Je n'ai pas mon mot à dire. Si je veux Alex, si je veux qu'il m'accepte, je n'ai qu'à prendre mon mal en patience. Mais la patience n'atténue pas le mal. J'ai mal. J'ai horriblement mal.

Ça bute et ça ballotte, ça se passe de romance. Il se concentre sur son sexe en grimaçant toujours plus, et de temps à autre il me jette un coup d'œil, juste pour vérifier si, par hasard, je ne serais pas partie.

— Tu pourrais au moins me chauffer.

— Désolée.

Est-ce le plus beau jour de ma vie ou bien le pire ? Est-ce que j'ai raison d'être là ? Est-ce que mon monde se construit ou, au contraire, se dérobe sous mes pieds ? J'aimerais rembobiner le temps ou bien l'accélérer, ne pas être ici sous ces draps à l'odeur de lessive inconnue. Mais comment font les autres, elles aussi sont forcément mortes le temps d'une après-midi. Elles aussi ont forcément pleuré à s'en découdre les paupières. Elles aussi ont forcément dû accepter d'être écrasées pour pouvoir être aimées. Comment vont les jeunes filles en fleur ? Il n'y a plus de jeunes filles en fleur. Les garçons ne savent pas les cueillir.

Alex se dégage enfin de moi. Il tire la couverture, et une moue dégoûtée. Drap blanc, tache rouge. Rouge cœur, rouge femme. Rouge sang.

— En fait, t'es une mytho. Tu ne l'avais jamais fait.

*

VINGT-QUATRE HEURES PLUS TÔT

Il est midi pile lorsque j'allume l'ordinateur. Midi cinq lorsque j'ouvre MSN Messenger. Midi huit lorsque j'ajoute l'adresse d'Alex à mes contacts. Quatorze heures lorsqu'il m'accepte.

Je suis de celles que l'on traverse sans s'en apercevoir. Celles que l'on appelle Machine, dont on ignore tout, dont on ne veut rien savoir. Je n'intéresse pas Alex. Les garçons de son genre ne s'intéressent pas aux filles comme moi. Je le sais : mais j'ai trop d'amour dans le ventre, que pourrais-je bien en faire ?

Alex est un petit malin. J'ai horreur des petits malins. Mais j'aime bien ses joues, et l'espace entre ses dents, je pourrais dormir dedans. Le dimanche je pense à lui sans arrêt et le lundi aussi, le mardi, le mercredi, tout le temps. À table, le contenu de mon assiette refroidit parce qu'au lieu de manger, je pense à lui. Aucune de mes quelques copines ne peut le voir en peinture, elles disent « Lucie, t'es sérieuse avec Alex ? » et elles ont certainement raison de le détester : Alex est un mec détestable. Le genre à picoler et à se moquer des profs. Le genre populaire et canon. Le genre à coucher puis à jeter ensuite. Il sortait avec une grande perche que tout le monde appelait Chérie. Dès que la rumeur a annoncé « Ils ont cassé », j'ai sauté sur l'occasion.

Non, il ne s'intéresse pas à moi, à ce que je suis. Il me faut donc devenir quelqu'un d'autre, me réinventer pour lui plaire. Nous sommes début juillet, dehors, ça sent l'été, les vacances, les jeunes s'amusent sous le pont : je les regarde depuis ma fenêtre. Ma misanthropie est un fait plus qu'un choix, mes lunettes sont trop lourdes et les ados n'aiment pas ça ; les garçons encore moins. Pour plaire à Alex il faut que je me maquille, me déguise, me cache derrière le masque de la vanité. Il faut que je ressemble à toutes ces cagoles affriolantes, fausses jusqu'aux ongles, faux cils, faux-culs. Pour plaire à Alex, il faut que je ressemble à quelqu'un qui ne me plaît pas à moi.

— Slt, T ki ? (Smiley interrogatif.)

— Lucie. 3e B.

xXx Luciie xXx vous a envoyé un wizz !

— J'vois pas.

Avant de brancher ma webcam, je cours dans la salle de bains, lâche mes cheveux, les lisse les étire les repasse. J'applique un fond de teint léger, puis un gloss rose brillant. J'enfile mon T-shirt le plus court et le plus décolleté. Au sortir de la salle de bains, ma mère fait un arrêt sur image, hoquette un rire :

— Bah, Lucie !

Je marche sur sa moquerie. Les parents sont trop *vintage* pour comprendre quoi que ce soit.

Ma chambre est impeccable. Derrière moi, sur la commode, j'ai disposé une bouteille de Boomerang et une de Smirnoff Ice. Au mur, j'ai punaisé un poster de Tragédie sorti d'un magazine à ragots – acheté pour l'occasion. Je suis prête. Je respire un bon coup, puis branche ma webcam. Assise à mon bureau, on ne voit pas mes Kickers et mon jean de *petite fille sage*.

Alex accepte l'invitation et nous nous retrouvons l'un en face de l'autre, ensemble sans vraiment l'être. À l'expression de son visage, il semble satisfait de ce qui se trouve « en face de lui ». En fond sonore, j'entends un rap cru s'échapper de l'ordinateur. La pièce semble enfumée, il roule entre ses doigts quelque chose de beaucoup trop long pour qu'il s'agisse d'une cigarette.

— T'es mimi.

— Merci.

C'est ainsi. On n'a plus le droit d'être soi-même. On n'a jamais eu le droit d'être nous-mêmes. Les filles s'adaptent sur mesure. Le paradis ne dure pas bien longtemps :

— Mais bon, je suppose que t'es pucelle, non ?

Je réponds

— Non.

et mon nez s'allonge jusqu'à se cogner contre l'écran.

— Lucie, tu viens chez moi, demain ?

Pantin

— Steph je te jure que je ne dis pas ça pour t'ennuyer écoute c'est marqué là devant mes yeux « Le mouvement pervers narcissique se définit comme une façon organisée de se défendre en se survalorisant, tout cela aux dépens d'autrui. » C'est ce qui est écrit je n'invente rien tu vois bien ce sont des sources sûres ça existe écoute « Dès lors, de multiples ouvrages vont dépeindre le pervers narcissique le décrivant comme un sociopathe agissant comme un prédateur allant jusqu'à détruire l'identité de sa proie par la *manipulation mentale*. » Steph tu devrais sortir prendre l'air on va au Rosa si tu veux on boit un café un vin chaud on mange de la guimauve et tu me racontes ce qui se passe, vraiment là tu m'inquiètes.

J'ai lu un tas de théories qui prétendent justifier le caractère injustifiable de Clint. Des témoignages qui ressemblent vaguement à ce que je vis, mais sans amour. J'ai consulté les dix-sept liens qu'Isabelle m'a envoyés par e-mail, j'ai supporté la morale de mes parents vieux-jeu pendant des millénaires. J'ai tenté quelques fois de parler avec Clint, j'ai dit Tu sais ce n'est pas péjoratif, mais je te trouve un peu étrange. Et puis je me suis raisonnée : au fond, ils ne le connaissent pas. Cette image du type bancal qu'il renvoie, ça n'est rien de plus qu'une image. Et quand les jours sont un peu gris, ces jours où il m'oublie, je me contente de me répéter en boucle, scotchée devant mon téléphone muet : « Tout va bien, il est gémeaux. »

J'ai visité aujourd'hui un appartement rue Mouffetard. Avec de grandes baies vitrées et des plafonds à moulures. C'est lui qui veut ça, il a dit : « Mon rêve, ce serait d'habiter dans un bel appartement du cinquième. » L'annonce quant au prix du loyer m'a fait perdre un œil mais par amour, on n'a pas le droit de renoncer pour une question d'argent. Et puis, de notre future chambre il y a vue sur un parc, avec des peupliers. Ça doit être beau en automne.

Je crois en Clint et moi parce que nos auras s'emboîtent, et que la forme de nos lèvres a été conçue pour accueillir celles de l'autre. Il me comprend, acquiesce à tout ce que je raconte. Quand je parle de mes livres, de mes musiques ou de mes films préférés, il dit C'est drôle c'est justement ce que j'aime. Parfois je feins d'aimer un groupe de musique qu'il adore alors que j'en ai horreur. Sans cesse il me réclame des photos en tous genres, et des messages audio, pour entendre ma voix qu'il trouve si sensuelle, qu'il *rend* si sensuelle. Souvent, il dit vouloir me présenter à ses amis parce qu'il est fier de moi. Il est si adorable que je me demande comment j'ai pu, initialement, le juger négativement.

J'ai dû changer de forfait téléphonique à cause des trois mille textos que nous nous envoyons chaque mois. À cause des heures et des jours entiers que nous passons en ligne. Quand nous n'avons rien à nous dire, nous nous écoutons respirer.

— Tu sens cette électricité qui circule entre nous ?

— Au téléphone ?

— Aussi.

— Oui, je la sens. Et toi, tu la sens ?

— Oui.

— …

— …

— T'es toujours là ?

— Toujours.

— Tu fais quoi ?

— Rien.

— Et toi ?

— Rien non plus.

Parler de choses qui n'ont ni intérêt ni sens, écouter ses silences, me languir de son absence.

Il lui arrive de me faire parler pendant des heures, il m'écoute avec les pieds mais pourtant il veut que je parle, que je raconte mes journées en détail, l'évolution de ma non-carrière, alors je déballe ma vie, mais lui ne me parle jamais. J'ignore le prénom de ses parents, quel enfant il était, où il habite, j'ignore tout de lui et pourtant il me semble tout savoir.

Entre nous il y a davantage de coups de fil que de rencontres. Il préfère les débuts de relations quasi fictifs et cela me va. Ou disons que je m'adapte. Je me plie. Je me chiffonne.

Au début de notre histoire, il m'inondait de compliments. Désormais, je suis toujours la plus belle, mais je pourrais tout de même *m'améliorer,* en perdant quelques kilos. Il trouve que j'ai mauvais goût, il le répète souvent : « Tu t'habilles comme un sac, ça te grossit, ça te vieillit. » Le matin, Clint me trouve très belle et l'après-midi, très laide. Il me souffle des demi-mots d'amour, il dit : Je suis amoureux de toi mais je ne t'aime pas. Alors je lutte. Je lutte pour lui plaire toute la journée, tous les jours. Je lutte pour qu'il m'aime. Je lutte pour qu'il n'y ait pas d'autres femmes dans sa vie. Si je lui déplais parfois, c'est forcément que je peux mieux faire, mieux m'habiller, mieux me tenir, mieux parler, mieux maigrir. Mieux *être.*

Un jour, je l'ai dessiné. J'ai imprimé une photo de lui et j'ai reproduit son portrait. Il était beau. Tellement beau. J'ai tenté, comme je le pouvais, de retranscrire son charme sur papier, mais je n'y suis parvenue qu'à moitié. Le dessin était tout de même réussi, je souriais à l'idée de le lui offrir. Je l'ai alors glissé sous les yeux de Clint. Il l'a regardé, m'a regardée, a dit « Je suis si laid que ça ? » et il est parti bouder. Je m'en suis voulu des semaines.

Clint a pris l'habitude de m'écrire au beau milieu de la nuit, ou même de me téléphoner. Une nuit, il m'a appelée trente-huit fois. Lorsque, inquiète, je l'ai rappelé, il a décroché furieux et m'a jeté : « Je dors, espèce de cinglée ! » Parfois il me laisse un message vocal et dans celui-ci, il parle à une autre. Il lui dit Comme tu es sexy, je n'ai jamais vu de femme aussi sexy que toi. Il lui arrive de ne pas décrocher lorsque je lui téléphone – est-ce volontaire ? Ou bien en pleine conversation il raccroche, comme ça, puis m'envoie un texto sans queue ni tête dans le genre : « Tu me déranges je suis au cinéma. » Puisque je ne comprends pas ce qui se passe, je le harcèle – pauvre de lui. Je l'aime à la folie. À la folie parce qu'il me rend folle. Papa me dit : « Un T4 rue Mouffetard avec un allumé, mais enfin Stéphanie » mais enfin quoi, mais enfin mon cœur n'est plus vide même s'il est devenu une œuvre abstraite, fragile et désordonnée, mais enfin depuis quand l'amour se doit-il d'être sensé ?

De la manipulation mentale, dixit Isabelle. Un pervers que je ne suis pas supposée aimer. *Pervers*. C'est un mot qui lui va si mal. Clint ne me frappe pas, il me tabasse parfois de mots mais il s'excuse ensuite, comment pourrais-je lui en vouloir ? Je n'ai qu'à mieux me tenir.

Je pardonne à ceux qui ne nous comprennent pas : ils ne savent pas, ils ne peuvent pas savoir.

C'est pourtant Isa qui me l'avait recommandé. J'ai dit « il y a un type qui me harcèle sur Meetic » et elle de me répondre : « Tu devrais aller boire un verre avec, peut-être qu'il te plaira. »

Ce jour-là, quelques heures avant de le rencontrer, je passais un casting et ça s'éternisait, la pendule n'avançait plus, je voulais que le soir arrive avant l'heure, non pas parce que j'étais pressée d'y être mais parce que j'étais pressée *d'y être allée*. Tout au long de la journée, il m'a écrit à quatre reprises « J'ai hâte de te voir » formulé de manières différentes.

J'ai mis une infinie éternité à choisir la tenue idéale, celle qui devait signifier à la fois « Je me suis apprêtée pour toi » et « Je suis comme ça tous les jours ». J'ai bouclé mes cheveux puis les ai lissés, j'ai peint un affreux machin violet sur mes paupières puis un joli smoky-eyes.

Je n'en avais même pas envie. J'étais épuisée. Le cerveau compressé, l'humeur au ras de la gorge. Une belle robe et un grand sourire pour cacher l'air blasé. Je lui ai donné rendez-vous sur les bords de Seine, comme une bonne guenon romantique. Je suis arrivée en avance, lui, en retard. La péniche était vide et silencieuse. Ça grinçait, on mangeait du tofu en brochettes et des grillades d'aubergines. Il a dit : « Sérieux c'est grave bizarre ici » et j'ai répété pour moi-même : « Gnagnagna sérieux c'est grave bizarre ici ! »

Lui, moi, là-bas, j'ai pensé Ça n'a rien à voir, c'est une addition foireuse.

Je le haïssais. Je le trouvais creux et laid, ses traits n'avaient rien de cohérent, son petit nez et ses étranges sourcils, ses goûts sans personnalité, sa paire de Stan Smith aux pieds, ses lunettes de soleil à la lisière de la nuit, je le haïssais. Je n'ai rien fait pour qu'il m'apprécie, j'ai mangé salement, j'ai dit : « C'est marrant parce que je déteste toute la musique que tu adores. » Je le haïssais vraiment. Rien que son prénom m'était détestable. *Clint*. Ça soulignait bien son allure de pauvre type. Avec ses cheveux en brosse trop laqués et son look d'Américain raté. Il fumait ses cigarettes comme personne n'ose fumer ses cigarettes.

Et puis est venu le moment où, l'air de rien, il a écrasé un mégot dans son assiette – comme si nous n'avions pas assez de deux cendriers sur la table – et m'a lancé avec cet air que je n'oublierai jamais :

— Tu es différente des photos. Tu es plus grosse en vrai.

« Quel abruti », j'ai pensé.

Il me regardait à peine. Son petit nez dans son smartphone à la noix. Il avait l'air déçu, l'air de détester être ici. À voir sa tête, on aurait cru que je l'y avais forcé. Il m'a demandé ce que je faisais dans la vie, j'ai répondu Rien, pour éviter les Ah ouais t'es comédienne donc ça veut dire que t'es connue donc ça veut dire que t'es riche. J'ai renvoyé la question :

— Et toi t'es dans quelle branche ?

Il a répondu :

— Le minage.

— Et c'est quoi le minage ?

— Le minage c'est quand tu mines.

Puis au beau milieu de tout ce théâtre, l'un de nous deux a lancé « Il fait froid, non ? » et le silence s'est enlisé dans une boue mouvante. Jamais, même dans une autre vie, même en échange du Saint Graal, je n'aurais pu envisager la moindre relation avec Clint ; et lui, comme moi, semblait regretter de s'être déplacé pour *ça*. Après cette supercherie que nous sommes tout de même parvenus à faire durer deux heures, j'ai prétexté je ne sais plus quoi pour rentrer et marché précipitamment jusqu'à Austerlitz. Dans les couloirs du métro, il y avait une affiche : « Meetic, pas de Saint-Valentin cette année ? Profitez-en, ça ne va pas durer. » J'ai marmonné :

— Très drôle.

Puis j'ai pensé à Musset qui m'accompagne toujours dans ces moments-là : « Amour, fléau du monde, exécrable folie. »

Et soudain, alors que je m'agrippais à la barre du métro, j'ai aperçu dans la vitre le reflet d'une femme ma foi *pas terrible*. Sur ses paupières, elle avait peinturluré un smoky-eyes qu'elle avait ensuite frotté, ce qui lui dessinait deux cernes qui ne l'arrangeaient pas. Sa robe était kitsch, et ses cheveux, ses cheveux ! J'ai alors sorti mon smartphone de ma poche et me suis rendue sur mon profil Meetic. J'ai fait défiler toutes mes photos, et, à nouveau, j'ai regardé le reflet de cette femme dont le physique m'indisposait : mon reflet. Je ne ressemblais pas du tout aux photos. Clint avait raison : j'étais plus grosse en vrai.

En ouvrant la porte de chez moi, j'ai cru sentir mon sac à main vibrer. Je l'ai ignoré puis suis partie me doucher, et à nouveau, mon téléphone a vibré. C'était lui. J'ai rejeté l'appel, il m'a retourné un texto :

« Tu me plais tro ».

J'ai d'abord cru qu'il se moquait de moi. J'ai envoyé « Tu sais où je mets ton P manquant ? », il a rétorqué « T'es drôle en plus d'être belle ».

Je n'en revenais pas. Vraiment, j'étais abasourdie. Ça n'avait pas le moindre sens.

Devant moi se tenait le miroir de la salle de bains. J'ai détaillé mon corps si mou et si rigide à la fois. J'ai observé mes hanches disproportionnées, mes genoux en X. Sur ce corps, qui, à l'instant, m'appartenait plus que jamais, il n'y avait rien de gracieux. Je me tenais là, nue, bourrelée, laide. Quelques heures avant, j'avais eu la prétention de me croire belle. Suffisante, du moins. J'avais tort. J'avais tellement tort. Mes photos Meetic étaient mensongères ; c'était moi, le mensonge. Clint, me voyant arriver, s'était certainement senti dupé, arnaqué. Et, finalement, il m'avait simplement fait remarquer la réalité : j'étais moins bien en vrai. Et il l'acceptait. *Il m'acceptait.* Sur l'écran du téléphone, mon doigt mouillé a glissé sur Répondre.

« Tu fais quoi samedi soir ? »

Platonicus

« Il me suit comme chaque jour à suspendre mes mots à ravaler mes silences je lui dis Viens tu vois bien que je suis là tu vois bien que je touche ta peau qui en vrai n'est même pas palpable et j'enjolive ses yeux verts dont j'ai oublié la couleur son nez droit dont j'ignore la forme et sa bouche confortable qui ne l'est peut-être pas je mets des paillettes dans son regard et il me les jette en retour la douceur de sa peau de sa voix et de son pull-over *game over* tout est perdu rien n'a jamais été gagné on a beau envoyer des lettres rien n'y fait si elles sont sans adresse on peut toujours attendre un “Allô” au bout du fil si on n'a pas composé de numéro et je voudrais bien l'y voir lui à saliver la bouche sèche à donner du sens à des histoires insensées mon cœur froissé comme du papier kraft, on n'anéantit pas l'amour imaginaire. »

Personne ne saisit quoi que ce soit à ce tatouage qui habille la totalité de mon dos. Moi, je le comprends. Cela parle de lui, de nous. Puis-je vraiment dire « nous » ?

Il est partout. Partout où je vais. Il est avec moi quand je marche, quand je lis, quand je dors, quand je conduis, tout le temps. Dans la rue, je lui parle à voix muette, je lui souris, il est parfait, c'est l'homme qu'il me fallait. Grand, brun, mince, avec son imper aux motifs galactiques. Au coucher il me souhaite de beaux rêves, je me recroqueville en chien de fusil et je lui caresse *ma* main. Il est partout. Partout dans ma tête.

Depuis la seconde où je l'ai vu, j'en suis tombé raide dingue. À l'instant où ça s'est produit, il était de dos. Pourtant, ça a été immédiat. La claque. La douche. Ses cheveux et son imper. Ses gestes, sa façon de s'articuler. En découvrant son visage, j'ai tressailli. Tout de lui me revenait, me semblait familier. Comme si je l'avais un jour connu, dans cette vie-ci ou dans une autre. Et, sans même un échange, sans même connaître le son de sa voix, j'ai su. J'ai su que c'était lui. Lui qui désormais me rongerait. Lui à qui j'allais penser, incessamment. Lui que j'allais aimer, à sens unique.

Je vis de mes illusions. Mon corps est une enveloppe encombrante, que je peine à traîner. Je sens mes pieds qui touchent le sol et l'air qui me glace le visage, pourtant je suis absent. Perdu dans mes pensées, je discute avec *lui* qui est ailleurs. Je m'appelle Aron et le poids de mon identité m'écrase. Il semblerait que la folie se doive d'être un minimum justifiée, mais, pour mon cas, c'est simplement de la poésie.

Tout allait pourtant mieux. J'avais rencontré quelqu'un, Hakim, et je passais la majorité de mon temps avec lui. J'apprenais ce que c'était que l'amour, la différence entre la *passion* et l'amour. Je vivais la vie la plus banale qui soit. Nous cherchions un T3 pas trop loin de Châtelet, Hakim avait l'envie et j'avais les moyens. Nous recueillerions un chat et notre chambre serait beige avec un baldaquin. Hakim était l'un de ces hommes en CDI qui partaient le matin en disant « À ce soir » et qui en rentrant faisaient bouillir des pâtes avant de regarder *Vendredi tout est permis*. Il riait beaucoup, moi pas trop, mais il m'occupait l'esprit. Nous faisions l'amour de temps à autre, lorsque je sentais que l'heure était venue. Bien sûr, j'avais secrètement gardé les vingt-quatre photos de l'Homme – prises avec mon smartphone puis imprimées depuis une borne – au fond d'un carton. Mais je ne les sortais jamais, j'y pensais à peine. Tout allait plutôt bien ou du moins, j'essayais de m'en persuader.

Jusqu'à ce soir du mois dernier. J'ai dit à Hakim que je rejoignais des amis à La Nuit parce qu'il allait y avoir une performance.

— Depuis quand t'aimes ça, toi, les performances ?

C'était faux, bien sûr que c'était faux. La performance, c'était *lui*. Il a suffi que j'en rêve pour que mes démons reviennent me hanter au galop.

Et puis j'ai tout balayé, d'un revers de main. J'ai soufflé sur l'édifice de cartes que nous avions minutieusement bâti ; j'ai craché sur l'équilibre que le ciel m'avait presque rendu. J'ai dit à Hakim que j'étais désolé, qu'il ferait mieux de me fuir parce que mon esprit était trop emmêlé. Que voir sa tête tous les matins au petit déjeuner, ça m'irritait. Ses mains palpables à l'infini et son sexe encombrant.

Je n'aime pas le sexe. J'ai horreur de ça. *Entre faire l'amour* et *l'amour*, je ne vois aucun rapport. L'acte et le sentiment. On peut faire l'amour sans amour ; pourquoi pas l'inverse ? Pourquoi fait-on l'amour, parce qu'on est amoureux ? Arrêtez.

Je n'aime pas le sexe ! Mais *je ne peux pas* ne pas aimer le sexe. J'y suis obligé. Bien sûr que j'y suis obligé. Si l'on n'aime pas coucher, surtout avec son propre partenaire, on est trop anormal. Quand mes amis sont là à me parler de leurs parties de jambes en l'air et qu'ils me demandent « Et toi ? » je ne peux pas répondre « Moi, rien ». Est-ce que cela fait de moi un original ? Est-ce que je suis dérangé, y a-t-il quelqu'un pour me dire si je suis un homme dérangé ?

À nouveau, chaque samedi, je me rends à La Nuit. Je bois un verre à la santé de ma solitude et, toute la soirée, je le cherche du regard. J'enfile ma plus belle peau, mes plus belles illusions. Je passe mes samedis entiers à réfléchir à quoi je dois ressembler, à quelle tête je dois avoir, à quel look pourrait lui plaire le plus. Dois-je porter un jean ou un costume, le costume me va bien, il ne me va pas du tout, ça ira pour le jean, avec quel pull, surtout pas de pull, la chemise bleue la rouge la grise, va pour la bleue, bleu indigo comme sa casquette, il pensera que c'est un signe, pourvu qu'il me regarde. Plus je suis prêt et moins je suis prêt.

Aujourd'hui, nous sommes samedi. Comme toutes les semaines, j'ai attendu le week-end avec une impatience d'enfant. *Tonight is the night.*

Ce n'est pas que je le suive, je me débrouille simplement pour me trouver au même endroit que lui, au même moment. Il est là, dans la foule de La Nuit. Je le vois, je le repère toujours de loin. C'est sa posture cambrée, sa casquette indigo. La souplesse de ses mouvements me rend dingue. Quand je pense à lui, il n'y a pas ses mouvements qui l'accompagnent, les effets de lumière qui lui cognent la peau, il n'y a pas sa voix rauque, sa vraie voix, celle que j'entends sans avoir besoin de la reproduire dans ma tête. Quand je pense à lui, j'ai envie de le serrer dans mes bras, envie de l'étouffer de mon amour, je l'aime à m'en tordre les tripes. Mais quand il se trouve dans mon périmètre réel et surtout lorsqu'il est vraiment proche, sa présence me pétrifie, j'en tremble jusqu'au bout des ongles. Je n'arrive plus à penser, mes gestes sont mal ordonnés, je le regarde simplement le plus que je peux, je m'abreuve de son image.

Il me fascine davantage lorsque la musique est engagée. L'électro m'enivre. Je danse pour le séduire mais il regarde ailleurs. J'ai envie qu'il me remarque et en même temps, il ne faut surtout pas qu'il me remarque. La Nuit a ouvert son toit. Au-dessus de nos têtes, le même brouillard que celui qui stagne à l'intérieur de moi. Et ce brouillard est si doux.

Le DJ passe *Crazy*. Ma passion est-elle déraisonnable ? On dit que la passion, ça passe. Les chanteurs le disent, les écrivains le disent – « ça partira comme c'est venu » – mais ça ne part pas. Parfois ça s'atténue mais ça me reprend de plus belle, ça empire et ça s'empare de moi. Mon obsession est un cul-de-sac. Le croiser par hasard sans hasard et penser à lui, *tout le temps*.

Incognito, j'esquive la réalité. Il ignore qui je suis et j'ignore qui il est. Jusqu'ici, j'ai préféré dessiner sa vie que la découvrir. Je sais que tout est illusoire. Qu'il ne connaît probablement pas mon prénom ; qu'une femme l'attend pour essuyer les déboires de ses nuits. Je sais que l'homme à qui je pense, c'est un autre. Connaître son nom, c'est la tentation de le chercher sur Facebook. Et le trouver sur Facebook, c'est laisser place à la vie. Découvrir ses passe-temps qui diffèrent sans doute beaucoup trop des miens, découvrir son visage sous la lumière du jour. Le Prince charmant est une projection. Si la vie était capable de nous offrir des romances de qualité, la littérature n'existerait pas. Et puis, obtenir la personne que l'on désire, c'est moins intéressant que désirer cette personne ou la perdre. J'aime la puissance des amours inachevées.

Amour solide ça casse, amour vivant trépasse.

Je l'ai perdu de vue. La musique s'emporte, les lumières me tabassent. Où es-tu passé ? Soudain, quelque chose me dit Retourne-toi maintenant c'est le moment. *Il* est là, tout près de moi. Il est vraiment là. Je pourrais rire et pleurer à la fois.

Ça me démange d'aller lui parler, mais pour dire quoi ? Un soir, je lui ai parlé. C'était l'année dernière à l'*after* de La Nuit. Il portait son imper aux motifs galactiques et sa barbe de trois jours ; discutait du prix exorbitant de l'alcool avec une rousse. J'ai dit « T'as du feu ? » Il a répondu « Désolé. »

Quelque chose me dit N'y va pas.

J'y vais. À contre-courant mais j'y vais. Ça y est, j'ai envie de laisser le rêve derrière moi. J'ai envie de donner à cet amour évident une existence, une consistance. J'ai envie de connaître son prénom, j'ai envie qu'il connaisse le mien. Il sait forcément qui je suis, il ressent forcément pour moi ce béguin infini que je ressens pour lui. Un fantasme peut-il *vivre* sans que son charme se meure ?

L'ambiance de la boîte, musique, obscurité et effets de lumière, me donne du courage. Il est si proche de moi ! Je peux sentir son parfum et mieux encore, je peux sentir sa présence. Je ne sais que faire avec quel bras et quelle jambe, j'ai les mains moites et le front trempé, plus une trace de salive. Je suis si heureux – je suis si malheureux. Une seconde fois, le DJ passe *Crazy*. Comme pour me rappeler ma déraison. Comme si je l'avais oubliée. Je me penche vers lui et bégaye :

— Elle est déjà passée celle-là, non ?

Il plisse les yeux et pointe du doigt son oreille comme pour dire « Pas compris ».

— La musique, elle est déjà passée, non ?

Tremblant, je photographie l'instant. Respire à fond.

— J'sais pas moi, il dit. J'en sais rien.

Il me parle.

Je bloque.

J'aimerais pouvoir dire autre chose mais je suis figé en mode pause. Mon Dieu ce qu'il est beau.

Une rousse arrive derrière. Elle lui cache les yeux.

— Devine qui c'est ?

— C'est toi.

C'est elle.

Elle lui fond dans les bras. Il lui fond dans la bouche.

Elle peut glisser ses doigts dans ses cheveux, elle connaît la texture de sa peau, elle peut poser ses lèvres sur les siennes quand je ne peux qu'imaginer l'acte ; j'aimerais tellement que tout ça soit réel, finalement, pouvoir le toucher et m'ennuyer avec lui, j'aimerais tellement qu'il me regarde comme s'il avait envie de moi, qu'il me reluque et qu'il me sourie, j'aimerais tellement qu'il sache qu'il a le sang qui fait frémir le mien, le cœur qui fait battre le mien, et que la vue de sa peau me donne la chair de poule. Suis-je fou ? *J'en suis fou.* J'aimerais qu'à travers mon regard il lise tout ce que j'éprouve pour lui, mais il ne peut pas m'approcher, en se penchant un peu trop dans mes yeux, il y verrait les taches, les taches noires et informes, il y verrait toute cette vie que je me suis imaginée avec lui depuis des siècles et des siècles, il y verrait Platon, Cupidon et le diable me tenir en laisse.

Du coin de l'œil, soudain il me regarde. Sourcils froncés, il se décolle de la rousse. Il se tourne vers moi, ne me lâche pas des yeux. Il me parle mais le brouhaha recouvre sa voix. Il s'intéresse à moi. Dieu existe et il m'a entendu. Je pose ma main sur son épaule et lui demande :

— Tu m'as dit quelque chose ?

Dans ma poitrine, mon cœur pulse bien trop vite, bien trop fort. L'Homme dégage ma main de son épaule et me répond :

— Vous marchez sur mon lacet.

Racines

Impossible de me raisonner. J'ai lu des magazines de psychologie et tout un tas d'âneries, mais il n'y a rien qui sache combattre mon autodestruction. Pierre m'a trompée avec le portrait craché de sa mère – celle à propos de qui je doutais et qui m'a valu mille fois de me faire traiter de folle parce que ma jalousie « n'était nullement justifiée ».

Depuis que nous avons rompu, j'ai mal au cœur. Pas dans le sens où je pleure et écoute des musiques à l'eau de rose – bon, j'écoute beaucoup Barbara – mais je veux dire par là que j'ai vraiment mal au cœur, c'est douloureux. Mes yeux traînent dans le vide, béants, néant. Ce qui arrive autour ne m'atteint pas. Il peut pleuvoir des cordes que c'est tout juste si je m'en aperçois. Je hoche la tête et je ris fort pour qu'on n'entende pas mon mal-être, mais tout ce que je fais, c'est penser à lui. Les mêmes images de lui me reviennent jour et nuit. Et j'ignore si je maudis davantage son absence ou bien le fait qu'il m'ait un jour existé.

Pourtant je le sais et je le ressasse, *Cléo ce type était un branque et tu vaux bien mieux que ça* ; mais ce n'est que prouver l'inefficacité de ces phrases que l'on se répète sans y croire. Chaque jour j'attends, tous mes gestes sont effectués dans l'attente, c'est la seule chose ce que je sache faire désormais : attendre que Pierre me donne signe de vie. Je dors avec mon téléphone posé sur l'oreiller, le son réglé au maximum pour être bien sûre de ne surtout pas le louper. Je marche avec mon portable dans la main ; quand je me douche il est toujours à proximité, et je vérifie sans cesse mes appels en absence au cas où – sait-on jamais – je n'aurais pas entendu le téléphone sonner.

Aujourd'hui, peut-être qu'il me téléphonera. C'est lui qui l'a dit, à bout de mes suppliques :

« Samedi prochain, si j'ai le temps, peut-être que je te téléphonerai. »

*

Quand tout s'écroule, on dit qu'il est bon de revenir au pied de l'arbre généalogique pour s'enraciner à nouveau. Que pour pouvoir avancer, il faut parfois savoir reculer un peu. Alors je suis ici, dans la maison de campagne avec maman à mon chevet, et les souvenirs qui ne veulent pas se laisser oublier.

Dans ma chambre, tout est identique depuis 1998. Le papier peint kitsch et la frise deux fois plus kitsch, le tapis de circuit, les Barbie nues chauves et démembrées, le lecteur de cassette multicolore à microphone, *Oui-Oui part en voyage*, *Martine part en voyage*, ces portraits en plâtre accrochés au mur, rien, rien n'a bougé si ce n'est que ma chambre est rangée. Dans le tiroir de la table de chevet, il y a un Tamagotchi crevé, une boîte de pansements pour les héros – de pansements pour les héros –, et puis ce journal intime, fermé à clé bouclée.

Le plancher craque sur le palier, c'est toujours le même craquement exactement, ce sont toujours les mêmes fonds sonores qui habitent la maison, le même silence bercé par les grincements du vieux bois et le tic-tac de la pendule ancienne, métronome de mon enfance. Bientôt, midi chantera *Ave Maria.*

— Maman, tu sais où est la clé de mon journal ?

— Quel journal ?

— Mon journal intime Chipie, le jaune.

— Oula ! Qu'est-ce que tu me demandes là !

Je descends dans la cuisine, et pendant que ma mère me demande pour la énième fois ce que « ce con de Pierre a encore fait subir à sa fille », je tente d'ouvrir le journal. Pourtant je sais ce que contiennent ces pages griffonnées d'une écriture d'enfant, je sais que mon cœur en sera chiffonné davantage.

— Tu aurais dû t'y attendre, Cléo, on s'y attendait tous. Il était trop con, ton père l'a toujours dit. C'est déjà un record d'avoir tenu deux ans avec un type aussi con. Tu ne veux vraiment pas me dire ce qui s'est passé ?

— J'aurais juré qu'en tirant dessus il s'ouvrirait mais ça résiste. Je vais essayer de faire fondre le cadenas. C'est pas du fer mais c'est pas non plus du plastique, je sais pas ce que c'est.

— Tu as une mine effroyable. Est-ce que tu dors correctement ? Je t'ai mis un drap propre et des couvertures. Ne dors pas dans la chambre de Clément, ça fait un moment que le matelas n'a pas pris l'air. Est-ce que tu as besoin de somnifères ou quelque chose ? Il faut arrêter de t'en faire pour ce type, Cléo. C'est bien mieux comme ça et tu le sais. Tu t'es fait des idées, ce n'est quand même pas nouveau. À chaque fois tu crois à une bonne étoile mais à chaque fois c'est un nouveau roi des cons pour détrôner le précédent.

— Je sais.

Un clic et le journal s'ouvre comme par magie. Il laisse échapper une odeur de souvenirs, je me demande si j'ai eu raison de l'ouvrir.

Dans la chambre de Clément non plus, le temps n'a rien emporté. Les posters de Bob Marley et de Jamiroquai, les bibelots sur la cheminée, le lit en fer forgé. C'est fou comme le temps se fige, le décor ne meurt jamais, les souvenirs le font vivre. Rien ne bouge et il ne s'agit pas que des meubles et des objets, il y a aussi les fantômes, cette petite fille qui joue par terre et cet adolescent qui chante à tue-tête en yaourt :

You give me something
Something than nobody else can give
My heart has started thumping
You know now you're the one I truly know I dig

J'entends Jamiroquai à fond et papa qui supplie de baisser la musique, « Clément ça suffit, ta mère a la migraine », j'entends les bruitages de *Zelda* sur la Super Nintendo, sa mobylette déjà vintage à l'époque et dont le pot bruyant criait la liberté de sa jeunesse, ça sent la marijuana qu'il étouffait dans sa chambre – « Laisse la porte fermée Clopette sinon les parents vont sentir, si tu leur dis que je fume, je dirai à papa que c'est toi qui as cassé le magnéto » –, maman bientôt criera : « C'est prêt les enfants, venez manger ! »

Je m'installe sur le lit de Clément et plonge dans mon journal.

« 2 juillet 97

Hier c'était l'ouverture de La Luciole et les enfants avaient le droit d'y aller mais c'était un peu nul parce que Clem a dansé toute la soirée avec Gwladys et moi je tombais de fatigue mais quand même je suis bien contente et Margaux est trop jalouse.

8 août 97

On est allés à la piscine et Margaux m'a mis la tête sous l'eau alors qu'elle sait très bien que je déteste ça du coup je lui ai dit que je lui faisais la gueule mais après elle s'est excusée et on a joué à qui c'est qui arrivait à faire l'étoile de mer le plus longtemps et j'ai gagné.

3 septembre 97

Je déteste l'école et je déteste madame Moutarde et je déteste le sport et je déteste Charlemagne mais heureusement il y a Margaux. À plus.

28 novembre 97

Aujourd'hui on a fêté mon anniv en famille et après on s'est mis des bandes de plâtre sur la figure et j'arrivais pas à arrêter de rigoler et maman me disait tout le temps : Clopette arrête de gigoter sinon ça ne va pas marcher ! Elle avait raison car le masque de Clem est beaucoup plus beau que le mien mais c'est pas grave car il me l'a donné.

1er janvier 98

Je me demande bien à quoi ça sert de changer d'année et pourquoi rien ne change quand on change d'année et pourquoi au réveillon on mange toujours des trucs dégueus et des animaux comme des dindes et des huîtres et du foie gras mais c'est cool parce que j'ai eu le droit de rester éveillée jusqu'à minuit cinq et que Tatie-Chat m'a offert une cartouche de *Warioland* comme elle était pas là à Noël.

2 janvier 98

Clément est mort. Maman m'a dit Ton frère est parti mais je sais très bien que Il est parti ça veut dire Il est mort. Mon Dieu je vous en supplie, faites que ce soit un cauchemar.

5 janvier 98

Une grosse boîte avec des fleurs moches dessus.

9 janvier 98

Ça pue le silence à la maison et je ne veux pas éteindre ta console parce que tu n'avais pas sauvegardé. Maman n'arrête pas de pleurer et de s'étouffer quand elle pleure et papa ne parle presque pas sauf pour demander quelque chose comme Viens manger ou Ferme la porte derrière toi.

13 janvier 98

Maman dit tout le temps que tu lui manques alors j'ai parfumé ton masque en plâtre avec ton eau de Cologne et je lui ai donné et elle a fait une tête bizarre et après elle a crié.

16 janvier 98

J'ai fini ta partie de *Zelda* et j'ai enterré la console dans le jardin avec le CD de Jamiroquai et ton blouson pour que tu n'aies pas froid. Je les ai mis en dessous du grand tipi, celui avec le drap bleu, et j'ai aussi mis des pâquerettes avec un poème. J'espère que tu les trouveras. Papa n'était pas d'accord et maman a dit Laisse-la faire son deuil c'est une enfant. Je ne sais pas ce que c'est qu'un deuil mais ce qui est sûr c'est que je n'ai plus du tout envie d'être une enfant. Les jeux de société à trois c'est stupide et je suis obligée de me mettre en équipe avec maman, en plus papa nous laisse tout le temps gagner pour ne pas me faire de la peine.

28 janvier 98

J'ai demandé à maman et papa ce que ça veut dire ce qui est écrit sur ton mur mais ils ne parlent pas assez bien l'anglais. Ils ont dit que c'est quelque chose à propos d'amour et que c'est sûrement une chanson que tu aimais bien. Je crois savoir laquelle c'est. Je n'aime pas quand ils disent “il aimait” ou “il était” parce que ça me rappelle que tu ne reviendras jamais. »

— C'est prêt Cléo, viens manger !

Ah, oui, c'est vrai : nous sommes aujourd'hui. Nous sommes aujourd'hui et les plats de maman sentent toujours aussi bon. J'essuie les perles d'amour qui ont glissé le long de mes joues, avant de me rendre dans la cuisine. Nous prenons place autour de la table, décorée avec soin.

— Cléo, tu pleures ?

Soudain, au beau milieu de ce silence cassé par mes reniflements, la sonnerie du téléphone fixe retentit. Nous échangeons un regard, puis je baisse à nouveau les yeux. Et si c'était Pierre ? Ça ne peut pas être Pierre. Oui, mais si c'était lui ? Alors que maman s'apprête finalement à se lever pour décrocher, le répondeur s'enclenche, suivi d'un interminable bip sonore.

« Bonsoir Maryse, c'est Claire, j'ai entendu dire que ta fille était dans le coin, nous serions heureux de vous inviter à dîner. »

Maman se rassoit et attrape mes mains, tremblantes, gelées.

— Cléo pourquoi est-ce que tu pleures ?

Est-ce que c'est ça, la vie ? S'attacher à des êtres pour les perdre ensuite ? Nager à la surface, se laisser bercer par le doux mouvement des vagues et soudain perdre pied, l'eau douce devient salée, vous n'avez pas la moindre branche sur laquelle vous échouer. Puis regagner la baie en se débattant comme un chiot, devoir tout réapprendre.

Je passe ma vie à tenter de combler un cœur vide, de satisfaire des émotions à qui il manquera toujours quelque chose. Voilà que l'amour file encore sur le chemin du deuil, et je ne sais pas comment l'accepter. Clément est mort. Pierre est parti. Pierre est mort. Clément est parti. Finira-t-on, un jour, par cesser de m'abandonner ?

Genre

— Tu m'écoutes ?

Bien sûr qu'elle ne m'écoute plus. Elle entend, elle attrape des mots à la volée mais elle ne m'écoute plus. C'est depuis qu'elle voit mieux, depuis qu'elle me scrute à la loupe. Le temps, autrefois embué, devient net.

Il fait beau en terrasse, mais je sens dans l'air l'atmosphère incommodante qui précède les scènes de ménage. À la table d'à côté, un motard entortille sa barbe de ses épais doigts duvetés. Moi aussi, un jour, j'aurai une longue barbe – une barbe bleue. Moi aussi, un jour, les femmes viendront se coller à moi et comme des mouches prises au piège, elles ne se décolleront plus. J'aurais tellement aimé être du scotch. J'aurais tellement aimé être entier. Si seulement j'avais pu naître Moi.

Elle a compris. Elle a compris ce que cela signifiait vraiment, elle a compris qui j'étais. Elle le savait pourtant, je le lui avais confié dès le début. Elle le savait mais tout en surface, en fait, elle ne le savait pas vraiment. Elle m'avait répondu :

— De toute façon j'aime les gens, les personnes, les âmes, je m'intéresse à ce que tu possèdes déjà.

C'est ce qu'elles disent toutes. À chaque fois. Que ça n'a pas d'importance, qu'elles ne s'intéressent pas au physique plus que ça. Ou bien que c'est original, Camille, *ton cas est original.*

Bla,

bla,

bla.

Je souhaiterais tant me fondre dans la masse la plus ordinaire, mais au contraire, j'endurcis la curiosité. En soirée, ce sont toujours les mêmes regards inquisiteurs qui se posent sur moi. Dans le métro ou en ville, les passants ne peuvent pas s'empêcher de me demander : « Mais qu'est-ce que vous êtes, au juste ? » S'ils se retiennent de me poser *la* question, ils n'en dormiront pas de la nuit. C'est comme ça, l'étiquette du genre m'assaille. Ma pièce d'identité est là, en permanence, pour me rappeler à l'ordre ; pour me laisser croire qu'eux-autres, dans leurs bureaux, savent mieux que moi *qui je suis.* Ils examinent ma carte puis m'examinent moi. « C'est vous, là ? » Bien sûr, qu'ils savent. Évidemment.

La science et la paperasse ne suffiront jamais à me réparer complètement.

Le serveur du bar tient son plateau d'un gros bras musclé et tatoué, son gros bras qu'il offre en spectacle. Elle enfile ses yeux de merlan frit. Il lui plaît.

— Vous désirez autre chose ?

Vous, c'est vous qu'elle désire.

— L'addition, nous avons terminé.

Elle veut l'addition. Ça y est. Elle a déjà posé toutes les opérations inopérables et rien. Que dalle. Zéro. La tête à Toto.

Ce sont ces grands hommes aux grands bras et à la grande chose, qui me font de l'ombre. Je n'ai pas cette grande chose. J'ai quelque chose, oui, mais le soir je le range dans ma table de chevet.

Un homme qui déteigne entre ses jambes, c'est ça, qu'elle aurait voulu. J'en suis sûr. J'imagine qu'on lui dit « Tout de même, c'est spécial… » ou pire encore : « Tu viens avec *ton truc* ? » J'imagine qu'on lui dit qu'entre l'un et l'autre, il va falloir trancher. XX ou XY, mais pas les deux à la fois. Le Y, c'est la lettre qui tue, celle qui tend les bras vers le ciel pour supplier, rendez-moi mon pénis, rendez-le-moi. J'ai beau n'avoir de la femme qu'un petit morceau de peau, puisque Dieu ne commet pas d'erreurs, c'est forcément moi qui ai tort.

La voie des humains n'est pas en leur pouvoir, il n'est pas donné à l'homme qui marche de diriger ses pas.

C'est ce que mon père s'entête à remettre sur le tapis : « Contente-toi d'être ce que tu es, contente-toi du sort que Dieu a décidé pour toi. » Lui se contente bien de son ignorance.

*

Mine de rien, j'aimais bien sa façon d'être elle-même. Sa façon de me sortir en voiture Toi au moins tu peux pisser sur le bord de la route, puis d'ajouter en riant Ah non, c'est vrai, tu ne peux pas, on est dans la même patouille. Sa façon de me traiter de macho, de rire de ma moustache qu'elle trouve « un peu ringarde ».

Autour de nous les autres m'oppressent, j'ai l'impression qu'ils savent, qu'ils attendent le verdict. « Ça va mal finir, cette histoire. On ne peut pas passer sa vie avec quelqu'un *comme ça.* » Je suis bien sûr que c'est ce qu'ils pensent.

Elle fume trop, elle écume ses pensées dans sa fumée de cigarettes.

— Tu fumes beaucoup en ce moment.

— Je sais.

Elle se tâte, elle réfléchit à comment elle va pouvoir me le dire. Elle est certainement en train de chercher une excuse, un mensonge pour ne pas me froisser. Mon cœur transpire. Si je ne la devance pas, elle me piétinera.

— Au fond pourquoi est-ce que j'aimerais quelqu'un qui ne m'aime qu'à moitié ?

— De quoi tu me parles ?

— Si tu veux me quitter, alors tu n'as qu'à me dire « Je te quitte ». J'en ai connu d'autres avant toi. J'ai déjà été *une expérience.*

— Mais de quoi tu me parles, Camille ?

Je me lève à la hâte. Sur le bitume mes pas s'agacent. Il ne pleut pas mais c'est tout comme. C'est moi qui la quitte. Tu vois, c'est moi qui te quitte. Elle me suit. Elle geint. Mais de quoi tu me parles, Camille ? Bien sûr, qu'elle sait de quoi je lui parle. Et tout Paris qui regarde le chaos de notre couple qui n'en a jamais été un. Elle me suppliera bientôt. Il court il court le furet, le furet du bois joli.

— Camille, de quoi tu me parles ? Mais de quoi tu me parles ? Reviens !

De quoi est-ce que je lui parle. Je ne sais pas. Je ne sais plus. Ce n'est peut-être pas à elle que je m'adresse. C'est aux autres. Aux autres qui m'ont transpercé le cœur. Aux autres qui m'ont rendu parano. J'ai tellement mal d'être moi.

Jolie ≠ Jolie

« C'était ça, le plus grand plaisir
de l'existence : être adulée, aspirer les autres
par un dispositif qui les gardait à distance,
se remplir des autres sans les prendre,
s'emparer de leur amour, sans le leur rendre. »

Nelly Arcan

Plus rouge mon rouge à lèvres, plus noir mon noir à paupières. Plus tirés mes cheveux, plus impeccable ma tenue. Je marche un pied devant l'autre, de mes jambes sveltes j'évite les pas de travers, mes talons me vont bien, je sais ce qui me va bien. La tête haute, je regarde droit devant moi.

Ma taille de guêpe, je l'ai méritée, et mes yeux plissés quand je parle, tout ça demande de l'entraînement. L'élégance est une plante délicate qui se cultive avec soin. Qu'on arrose, mais pas trop. Qu'on confie prudemment à la lumière.

Certaines disent que m'aimer moins m'aiderait peut-être à aimer plus les autres. Que je suis belle mais cruelle, qu'au petit matin, je beurre leur cœur sur mes tartines. Que leurs larmes je les bois, que je m'habille de leur peine. Mais ce qu'elles disent surtout, c'est que je suis une icône du milieu lesbien. Elles donneraient n'importe quoi pour me ressembler ou pour m'avoir dans leur lit. Sauf que je ne dors jamais avec personne, parce que je veux qu'elles gardent de moi l'image de celle qui se réveille avec la même tête qu'au coucher. Elles m'adulent. Quand je passe on s'écarte et commère à mon sujet.

Jolie a encore frappé.

Laissez passer Jolie.

J'aimerais me sentir flattée de cette image qu'elles me donnent mais ça ne me fait ni chaud ni froid. Pourtant j'y ai travaillé durement, j'ai bossé mon allure, ma posture, mon langage, ma froideur. J'ai respiré profondément, j'ai pris mon mal en patience pour apprendre à répondre « non » alors que je pense « oui ». Mais ça ne me fait ni chaud ni froid. La vérité, c'est que le vent ne suffit pas à combler le vide. Qu'on m'aime ou qu'on me méprise, ça ne change rien. Je croyais que ça changerait tout mais ça ne change rien à mes maux. Ma mère m'a appelée Jolie et toute ma vie j'ai tenté de donner un sens à ce nom.

Je ne travaille pas. Enfin si. Je suis modèle mais ça ne me rapporte rien d'autre que des groupies. Photoshop gomme les marques de la vie. En shooting, je me sens mal à l'aise. Je me regarde de haut et tout ce que je vois, c'est quelqu'un d'autre que moi. Ce qui m'importe, ce sont les résultats. Pouvoir exposer mes photos au monde.

Sur le Net, je sélectionne celles et ceux qui auront le privilège d'intégrer ma liste d'amis virtuelle. Il faut que cette liste soit cohérente, que quand on la regarde, on se dise « Jolie a des fréquentations au top ». Ma page Facebook est d'ailleurs très soignée, je ne publie pas çà et là, je réfléchis à trois fois avant d'écrire quoi que ce soit. Ma photo de couverture est en accord avec ma photo de profil et je les change rarement, j'attends qu'elles aient atteint leur maximum en termes d'éloges. Entre la Jolie-Moi et la Jolie que je prétends être, j'ai oublié qui je suis.

Suffit-il de se tenir droit en prétendant que l'on a confiance en soi pour que les autres nous admirent ?

Aujourd'hui et comme tous les week-ends, je passe mon temps à le perdre. Il y a Apolline qui met des pouces partout où elle peut sur mon profil Facebook, Tamara qui affiche des photos d'elle avec sa nouvelle nana pour tenter de me rendre jalouse, et Coralie qui me colle des smileys qui pleurent. Et puis il y a Wagner. Wagner a une veste de pianiste et des cheveux noir corbeau qu'elle attache en un chignon sauvage. Un sourire qui prend la moitié de son visage. Wagner est peintre et ça lui va à merveille. Elle est si simple qu'on a envie de la blâmer d'être si parfaite sans avoir besoin de faire d'efforts. Wagner à qui je plais et qui me plaît aussi. Et moi je suis bien trop jetée pour entamer la discussion avec une fille qui me plaît. Parfois, sur Facebook, je commence à rédiger un message à son intention. Je m'applique, je me dis allez, Jolie, lance-toi. Tant pis si tu casses le mythe, tant pis si tu es toi-même. Mais je ne l'envoie jamais, je l'efface et me fais une raison. Une femme désirable ne peut pas désirer les autres. Ce sont aux autres de me manger dans la main.

Je l'ai rencontrée au Quartier général. Une moitié des filles concourait pour de l'attention, dansait le Qui-mieux-mieux, emballait au comptoir et braillait plus fort que le bruit. La deejette allumeuse, sur elle tous les regards. Et au milieu de toutes, de ces M'as-tu-vue à outrance, il y avait Wagner pour arrêter le temps.

Beaucoup de nanas m'ont déjà attendue dans leur vie. Certaines attendent toujours. Derrière l'écran, je sens leur désespoir mais elles ne sentent pas le mien. Mon désespoir est privé. Tous ces selfies qui décorent mon profil, on s'imagine de moi que je suis une enfant de Narcisse mais c'est bien le contraire : plus je me prends en photo et plus je me déteste. Les selfies, c'est la solitude. Les likes et les amis pour de faux me popularisent, et cette popularité est *censée* me réconforter. Je vais cacher cette solitude dans des soirées pleines de monde, pour avoir le temps d'une nuit l'impression d'être entourée, mais ça ne marche pas. Après quoi, je rentre dans mon minable studio et il n'y a personne, pas même moi qui suis chimérique. On pourrait être un milliard à me coller que je me sentirais seule comme si la pièce était vide.

Nul ne connaît rien de ma vie pourtant beaucoup prétendent savoir qui je suis, et d'où je viens. Nul ne sait que ma mère est une effrontée et que mon père est un gros con. Nul ne sait que j'habite dans douze mètres carrés en mansarde et que j'ai des TCA[1]. Que quand je dis « J'ai du mal à grossir, c'est ma morphologie », il faut entendre « Je me fais vomir, je mange quand le cœur m'en dit ».

Moi, Jolie, utopie, j'entends le bourdonnement des ragots, je laisse bruisser les qu'en-dira-t-on.

Je déguise le noir en blanc. Je vernis le carton-pâte. Je sale un plat qui n'a le goût de rien. Toutes ces filles-là ne s'imaginent pas que je suis un miroir aux alouettes ; il leur est bien plus confortable de s'affirmer le contraire. Et j'alimente cette idée que les autres se font de moi, parce que je suis une idiote et que ce qui est fait est fait. Tuer le

1. Troubles du comportement alimentaire.

malheur par la rumeur. Mais ça me travaille. Le faux-semblant n'a jamais payé, l'authenticité a bien plus de valeur et moi je n'ai rien d'authentique. Je suis Quasimodo caché derrière un masque vénitien. Mon Dieu ce que ça me travaille.

L'ordinateur est là, à me regarder. J'ouvre une conversation avec Wagner, j'écris :

« Ce soir je vais à la *Flash* et j'espère t'y trouver. J'ai des choses à te dire que tu ne pourras pas deviner si mon silence s'obstine »

et puis j'efface.

D'amour et de pluie

Mes potes, c'est la virilité qui joue à la marelle : ils sautent une nana puis une autre en quête du septième ciel. Les cases, c'est trop étroit pour eux. Tout ce qui les branche, c'est la passion. Sentir leur corps qui répond aux courbes des femmes. Les papillons dans le ventre, le raidissement du jean. Ils se disent que la liberté les attend pour danser, valser au gré des nuits, embrasser les cous avant les jambes. Ils rêvent de déshabiller l'inconnu, s'imaginent que le célibat c'est l'avenir, et le présent ; qu'ils n'ont plus besoin d'être deux pour se sentir vivants.

C'est chaque fois le même air qu'ils n'ont pas pris le temps d'accorder, à Gare du Nord ce sont toujours eux les premiers à réciter leurs vers.

— Eh mademoiselle, eh, je suis pas Baudelaire pour te dire des poèmes mais je suis moi-même pour te dire que… eh vas-y tu m'écoutes pas, eh ! Reviens !

Ils jettent des « je t'aime » sans même savoir ce que ça signifie vraiment. « Je t'aime », ce n'est pas une formule synonyme de « T'es bonne ».

Moi aussi je les ai connus les papillons, le cœur qui bat si vite qu'on peut à peine compter les pulsations. Et puis quoi. Ça s'arrête et ça recommence, pour s'arrêter à nouveau. C'est comme la clope, sur le moment vous la dégustez et après… Et après.

Désormais c'est différent, je suis amoureux. Amoureux dans le sens où je souhaite son amour plus que de lui faire l'amour. Elle s'appelle Sol, elle habite le bâtiment C, en face du mien, un peu à gauche. Elle est argentine, elle a la voix rauque, elle adore Serge Gainsbourg et elle relève toujours ses cheveux. Sa nuque, c'est une nuque comme je n'en ai jamais vu. Elle est un peu plus âgée que moi et c'est aussi ce qui me plaît. Elle connaît les plis de la vie ; elle me le rappelle souvent : « Tu verras, dans quinze ans. »

Une nuit d'août, d'étoiles et de canicule, elle a dormi chez moi. Elle avait oublié ses clés, il faisait nuit – très nuit – j'étais le seul dehors, et le seul encore debout. Pendant des heures nous avons discuté, sculpté et poli tous les sujets. Elle a raconté son enfance, j'ai raconté la mienne, c'étaient à peu près les mêmes : du beau temps et des rues pavées en zigzag. Je lui ai laissé ma chambre, j'ai pris le canapé. Au petit matin, avec ses cheveux pour une fois détachés et son odeur de café, elle m'a dit « T'es un bon gars, Nourdine ». J'ai noté mon numéro dans son portable *au cas où parce qu'on ne sait jamais*, et elle est repartie, laissant dans mon appartement son souvenir, son parfum et quelques cheveux dans la salle de bains.

Ça fait six mois. Six mois que je suis amoureux d'elle. Six mois que personne ne le sait – elle non plus. Depuis, je gratte le silence, je le dépèce, il me dépasse. Le téléphone ne vibre pas. Mon cœur, si. Les matins vides se répètent, un seul couvert à table.

En boîte, mes potes raclent les fonds de désir. Moi, je suis assis sur la banquette et je vois Sol partout. Dans tous les cheveux bruns, relevés et un peu crépus. Je sors avec l'espoir auquel le préfixe vient vite se coller. Je fais semblant d'être bien, semblant de rien. La solitude a de si longues jambes, d'affreuses jambes musclées qui vous rattrapent et vous traquent. Et pendant que les autres perdent le contrôle devant les démarches élégantes, la nostalgie m'enrubanne de ses racines noires et gluantes. Je ne cesse de penser à Elle.

Je dis que personne n'est au courant mais ce n'est pas tout à fait vrai. Julien le sait. Il le sait et ça le gonfle.

— Franchement, tu saoules avec Sol. Lâche l'affaire, elle est vieille en plus.

Aujourd'hui, il fait un temps bizarre. Il y a trente minutes il pleuvait, puis le soleil a poussé les nuages, et là, ça fait un quart d'heure que j'attends à ma fenêtre que l'arc-en-ciel se décide. Qu'il sache si, oui ou non, il a envie de parer la cité aujourd'hui. Julien se roule une cigarette en riant, il dit :

— Ma parole Nourdine t'es trop un romantique.

Je me demande souvent si Sol a compris, que si je suis encore plus sympa avec elle qu'avec les autres, ça n'a rien à voir avec le hasard ni avec l'âge. Mais je crois bien qu'elle ne s'en doute pas, qu'elle continue juste à se dire « Nourdine, c'est un bon gars ».

Peut-être qu'il a raison, Jul, peut-être que je suis amoureux de son âge, amoureux de la mère que je n'ai plus, mais je m'en fiche. Savoir *pourquoi* je suis amoureux de Sol, ça n'empêche rien au fait que je sois amoureux d'elle. Moi, tout ce que je veux, c'est m'endormir le ventre collé à son dos, c'est lui étaler sa confiture sur ses tartines le matin, c'est la voir occuper ce canapé sur lequel la moitié de la cité s'est déjà assise.

— Y'a Sol qui parle avec Sylvain en bas.

— C'est qui ça, Sylvain ?

— Le gars qui travaille au comité-de-j'ai-oublié-quoi. Le grand, là.

— Bah il a raison.

— Quoi, *il a raison* ?

— De lui parler. Toi, tu attends un miracle. C'est mieux de parler que d'attendre un miracle.

— *Inch Allah*, la vie va tout faire pour que Sol et moi…

— Oh arrête ! C'est trop facile, ça ! Tu descends et tu vas lui parler !

Jul a sûrement raison. C'est trop facile de s'imaginer que la vie en décidera pour moi, bien trop facile d'attendre et d'espérer. Bien trop lâche de dire que « c'est ainsi ». Bien trop cliché d'être amoureux à sens unique. On dit que le véritable amour, c'est aimer sans rien attendre en retour : cette expression ne fonctionne pas quand on est amoureux. Mais moi j'attendais le jour J, le jour J qui n'existe pas, j'attendais le moment propice, non pas les fleurs et les violons mais simplement de l'avoir devant moi et de sentir dans ses yeux, dans ses gestes, quelque chose qui m'encourage, quelque chose qui m'assure que le vent ne viendra pas me claquer en pleine gueule.

Avant, c'était pourtant différent. Avec Samantha, j'avais foncé. Je lui avais envoyé un texto sur lequel il était écrit « Sam, je dois te confier quelque chose : je crois que je t… » Mais Sam, c'était facile, tout le monde était en chien sur elle, son corps et ses longs cils, c'était plus simple de lui vendre son cœur, surtout par SMS.

Au pied du bâtiment C, Sol est assise sur le muret en arc de cercle. J'emprunte l'ascenseur ; six étages, c'est trop long quand la femme de votre vie vous attend au rez-de-chaussée. Je m'avance vers elle, c'est bizarre mais je me sens plutôt serein. Elle a les cheveux détachés. La seule fois où je lui ai connu les cheveux détachés, c'est ce matin-là, chez moi.

Qu'est-ce que je dis ? Qu'est-ce qu'on est censé dire à la personne qu'on aime, *avant* de lui dire qu'on l'aime ? « Salut toi » ou « T'as de beaux yeux aujourd'hui » ?

Vas-y Nourdine. Lance-toi. À trois, tu lui parles. Un, deux,

— T'es belle quand t'es assise.

Elle se lève.

— Bonjour mon grand.

C'est mal barré. Je surenchéris :

— T'es belle aussi quand t'es debout.

Elle s'approche de moi et me caresse la tête. Elle me caresse la tête comme une maman caresserait la tête d'un enfant, comme un enfant caresserait la tête d'un chien, mais PAS DU TOUT comme une femme caresserait la tête de l'homme qu'elle désire.

— Allez, au revoir mon grand.

Sol tourne les talons. À la fenêtre, Julien me fait signe l'air de dire : « Alors ?! » Je hausse les épaules. Et l'arc-en-ciel qui ne se pointe toujours pas. Il pleut dans mon cœur imbécile.

Anniversaire à la maison rose

En bord de route, à trente minutes du RER A Ouest, il y a une maison rose à la façade noircie par les voitures qui passent. Cent cinquante mètres carrés, un jardin comme on n'en trouve pas d'autre en banlieue, un loyer plutôt commode, cinq colocataires. Parmi ces cinq colocataires, il y a moi, Alice, vingt-trois ans, webmaster ; il y a Jad, trente ans, responsable de je ne sais quoi aux Galeries Lafayette ; et puis il y a les trois autres, Aurore, Justine et Lætitia, et elles, je me fiche bien de les présenter. Je les maudis. Je voudrais que dans cette maison rose à la façade noircie, il y ait moi, Jad, et les enfants que nous n'aurons jamais.

Je suis seule. Non pas par conviction, non pas par asociabilité, mais par fait. C'est comme ça. C'est certainement mon côté *geek* : mon mode de vie et mes goûts déplaisent aux autres. Si mon travail ne me permet pas réellement de sociabiliser, le lieu où je vis, lui, devrait me tenir compagnie. Mais ce n'est pas le cas. La colocation est donc divisée en deux : un groupe de quatre, et un groupe de moi.

Mes colocataires ont une vie à l'extérieur. Tous sont employés, ils partent ensemble à sept heures attraper le RER A, ils rencontrent des gens, la foule des transports, arrivés au boulot ils retrouvent leurs collègues, puis à midi ils croisent de nouvelles personnes à la cafétéria. Moi, je travaille à la maison, je commande mes courses par Internet et je sors en tout et pour tout deux fois dans le mois pour aller voir ma grand-mère. Ma vie sociale, c'est eux – ce n'est personne.

Jad, c'est le dernier arrivé. C'est un mec assez grand, charismatique juste ce qu'il faut. Le jour où il nous a rejointes, je savais déjà ce qui m'attendait. Je savais qu'il se dirigerait vers les filles, qu'il partagerait leurs plateaux télé et leurs sorties en boîte, je savais, même si Jad est un garçon, qu'il compatirait à leurs conversations de gonzesses, que le trio virerait au quatuor, et que moi, j'allais continuer à les écouter rire et à les regarder vivre. Ce que j'ignorais totalement cependant, c'est que Jad, qui s'avère être d'une délicatesse dont toutes les femmes rêvent, allait me faire trembler le cœur et frissonner les bras à chaque fois qu'il passerait un peu trop près de moi. Tous les jours, j'attends qu'il parte au boulot pour descendre de ma chambre, afin de lui épargner mon allure du matin. Tous les soirs, je m'apprête comme si j'allais déjeuner avec la famille princière, et je trouve quelque chose à faire près de l'entrée pour le croiser à son arrivée. Chaque fois qu'il rentre, il accroche son manteau, retire ses chaussures, desserre sa cravate en soupirant, alors que je traîne dans la cuisine ou dans le salon, qui sont les pièces les plus proches du vestibule. Il me sourit, me dit « Salut Alice, ça va ? » l'air d'attendre sincèrement ma réponse, puis il file directement dans sa chambre, et voilà à quoi se résument nos échanges.

Et depuis le mois dernier, comme si le ciel voulait m'aplatir, Jad sort avec Aurore. Aurore, c'est vraiment celle dont je voudrais arracher les dents pour m'en faire un collier. Tous les jours – *tous les jours* – je les vois se faire des mamours sur le canapé du salon, et mes yeux le supportent de moins en moins.

*

Aujourd'hui, c'est mon anniversaire. J'y ai fait allusion toute la semaine, j'ai entouré la date sur le calendrier des pompiers, j'ai parlé fort au téléphone avec ma grand-mère en disant Oui, comme c'est mon anniversaire mardi, je me disais que peut-être j'allais venir te voir, mais finalement je vais rester là, ici, *à la maison*, et je pense que je ne vais rien faire.

Les filles ont chacune eu un anniversaire surprise. Lætitia a eu droit à la livraison d'un énorme plateau de sushis, Justine à une fête dans le garage – les guirlandes et tout le tralala – et Aurore, c'était le concert de Laura Pausini au Zénith. Aujourd'hui, c'est mon anniversaire, il est seize heures et personne dans la maison ne me l'a encore souhaité.

Si les filles sont chameaux avec moi, si elles me passent à travers, Jad, lui, se laisse juste aller par le mouvement, il ne se prononce pas. Parfois, j'ai l'impression qu'il sait, qu'il devine mes sentiments, et puis je me raisonne, je me dis De toute façon, même s'il savait, qu'est-ce que ça pourrait bien changer ?

Il y a deux semaines, il a toqué à ma porte.

« C'est moi », il a dit, avec l'air de quelqu'un habitué à toquer à ma porte. Il aurait pu dire « C'est Jad », mais non, il a dit « C'est moi », et ça m'a perturbée. J'ai répondu « Oui, qu'est-ce qu'il y a ? ». La surprise s'entendait dans ma voix. Puis après un moment, il a ajouté :

— Non rien, laisse tomber.

Et il est parti. Durant des jours, j'en étais toute retournée.

*

Dans la cuisine, pendant que je range la vaisselle, les quatre, attablés derrière moi, organisent leur voyage à Amsterdam. À les entendre, ce sera le premier voyage « entre colocs de la maison rose ».

Parfois je peine moi-même à croire en ma propre existence.

— Qu'est-ce qu'on fait, on prend deux chambres ?

— Évidemment ! Vous allez vous bécoter toute la nuit.

Je presse mes yeux à défaut de pouvoir me boucher les oreilles.

— Oh, tu chipotes.

— On prend deux chambres je te dis, c'est pas grave, on choisira un hôtel pas cher. Moi, je dors avec Læti, et toi, Aurore, avec Jad – évidemment.

— Ce voyage, mes amours, il s'annonce *co-llec-tor*.

J'ai envie de me retourner pour leur dire quelque chose du genre Est-ce que vous faites exprès d'être si cruelles ? et je le fais, je me retourne et ça sort comme ça, d'un coup, sans que j'aie le temps de rattraper mes mots.

— Tiens, c'est drôle, il me semblait que sur le bail il y avait cinq personnes, mais je revérifierai, peut-être que je me suis trompée, après tout, peut-être que vous êtes quatre et que moi je suis un meuble. Au fait, c'est mon anniversaire aujourd'hui.

Le silence se creuse immédiatement et les trois greluches me regardent, bouches bées. Seul Jad, lui, baisse la tête.

— Ah bon ? finit par dire Aurore, mais, pourquoi tu nous as pas prévenues ?

Et soudain, alors que le magma frémit dans mes veines et que je sens mes yeux se préparer aux grandes eaux, enfin, quelqu'un *là-haut* se souvient que j'existe.

— J'viens pas, moi.

C'est Jad qui lance ça subitement.

— Hein ? Comment ça, tu viens pas ?

— Je viens pas à Amsterdam, je reste ici. Ça me dit rien.

Aurore secoue la tête.

— Mais comment ça, *ça te dit rien* ?

Puis elle me lance vaguement, sans même me regarder :

— Bon anniversaire, Alice.

Justine et Lætitia répètent en chœur et sans la moindre émotion « Ouais, bon anniversaire ». Après quoi elles ferment sans attendre ma futile parenthèse. Jad se tait. Je fais une prière pour disparaître mais personne ne l'exauce.

*

Il est vingt et une heures, les filles sont avachies devant la télévision. Jad, lui, est installé au bureau. Aurore tire la gueule mais tente de le dissimuler. Elles ont commandé des pizzas, et moi, je ne suis toujours pas conviée. Je suis tellement abasourdie que je voudrais m'arracher la peau, casser les murs rose à coups de front. Je passe devant le salon.

— Vous regardez quoi ?

— *Nos étoiles contraires*, me répondent-elles d'un ton neutre, étalant leurs jambes sur le canapé l'air de dire Désolées, y a plus de place.

Jad soupire, se tourne vers moi, me regarde fixement. Je lis, dans ce regard, quelque chose qui ressemble à de la compassion. Brusquement, il se lève et lance :

— Augustus meurt à la fin du film.

Puis il se hâte dans ma direction avec ce même regard qui ne me lâche pas. Jad me décale de la porte, qu'il ferme derrière lui. Il me traîne dans le vestibule dont il ferme également la porte. Je suis tout en sueur, de tristesse et de panique.

— Viens, on va prendre l'air.

D'un pas tranquille et silencieux, nous nous éloignons de la maison. Tout est calme sauf moi. En dedans, ça bouillonne. On a tiré sur l'ambulance, mais je ne laisse rien paraître.

Au loin, j'aperçois un château d'eau que je n'avais jamais remarqué avant. Sur celui-ci, il est tagué « KIFF ». Nous nous enfonçons dans la nuit, éclairée par quelques réverbères et un croissant de lune.

— Et Aurore, elle va pas s'inquiéter ?

— Qu'elle s'inquiète.

Soudain, Jad s'arrête et se plante face à moi. Son long manteau et la buée quand il me dit « Approche ». Il décolle de mon visage une mèche de cheveux qu'il rabat derrière mon oreille ; pose sa main sur ma nuque puis me tire jusqu'à sa bouche. Il a les lèvres plus douces encore que ce que j'imaginais.

— Joyeux anniversaire, Alice.

Table

Composition et mise en pages
Nord Compo à Villeneuve-d'Ascq

Achevé d'imprimer en France par EPAC Technologies

N° d'édition: 4550414304718

Dépôt légal: mars 2018

keit unserer Zeit. In diesem Buch beschreiben die Autoren in zehn Kapiteln, unterstützt durch Gespräche mit Frauen und Männern unterschiedlichen Alters, welche Chancen sich im Alter, in der »Generation plus« für jeden auftun. Es gibt allerdings eine Bedingung: Man muss den Willen aufbringen, »sein Leben selber zu leben«, man muss Verantwortung für sich selber übernehmen. Dann kann man immer noch lernen, etwas Neues beginnen, die Gegenwart genießen, mit seinem Scheitern fertig werden, denn natürlich gehört das Scheitern auch zum Leben. Dann kann man vielleicht sogar Weisheit erlangen – was auch immer das ist. Wir leben in einer Zeit, in der das Alter im Wesentlichen unter dem Gesichtspunkt des Abbaus, des Krankseins, des endgültigen Verfalls gesehen wird. Natürlich bringt das Alter viele Risiken mit sich, doch die Mehrzahl der Menschen ist bis ins hohe Alter gesund. Man sollte sich also von anderen nicht »dummreden« lassen, wenn man älter wird.

Pöppel, Ernst und Wagner, Beatrice: Von Natur aus kreativ. Die Potenziale des Gehirns entfalten. Hanser Verlag, München 2012. Das Buch handelt davon, »wie wir gemeint sind«, und dies aus biologischer Sicht. Wenn man es aus dieser Perspektive betrachtet, dann ist Kreativität eine Dienstleistungsfunktion des menschlichen Gehirns zur Herstellung und zum Erhalt eines Gleichgewichts, einer inneren Balance, einer Homöostase, einer Harmonie. Diese notwendige Suche nach dem Equilibrium beobachten wir bei allen Lebewesen und natürlich auch bei uns selbst. Sie ist sogar in sozialen Systemen zu finden, auch wenn sie dort immer wieder aus dem Gleis gerät. Und diese Suche nach einer Mitte ist auch immer wieder Thema in den Künsten, auch darum geht es in diesem Buch. Wie heißt es bei Eduard Mörike?

Herr, schicke, was du willst
Ein Liebes oder Leides!
Ich bin vergnügt, daß beides
Aus deinen Händen quillt.

Wollest mit Freuden
Und wollest mit Leiden
Mich nicht überschütten!
Doch in der Mitten
Liegt holdes Bescheiden.

Eduard Mörike

Dummheit kann sich also vor allem auch darin äußern, sich außerhalb dieses Gleichgewichts einzurichten, obwohl man es eigentlich besser wissen müsste.

Surowiecki, James: Die Weisheit der Vielen. Warum Gruppen klüger sind als Einzelne. Goldmann. München 2009.
Aus diesem Werk erfahren wir, dass es eine Schwarmintelligenz gibt, die klug ist – und dass diese nicht dasselbe ist wie ein Herdentrieb, der dumm ist. Für die »Weisheit der Massen« sind folgende Voraussetzungen wichtig:

- Meinungsvielfalt (Einzelne müssen Informationen haben, seien sie auch noch so kärglich),
- Unabhängigkeit (jeder muss unbeeinflusst von anderen seine Aussage machen, wie es typisch für Wahlen ist oder sein sollte),
- Dezentralisierung (das Wissen verschiedener Spezialisten ist gefordert),
- Aggregation (das Wissen muss irgendwo zusammengeführt werden).

»Für gewöhnlich bedeutet Durchschnitt Mittelmaß, bei Entscheidungsfindungen dagegen oft Leistungen von herausragender Qualität. Allem Anschein nach sind wir als Menschen also programmiert, kollektiv klug und weise zu sein.« Hierzu kann jeder ein einfaches Experiment durchführen: Man frage bei einem Abendessen, welche Temperatur der Raum habe, und jeder schreibt unabhängig voneinander seine Schätzung auf einen Zettel. Dann bestimmt man den Mittelwert, und man wird feststellen, dass dieser die Raumtemperatur sehr viel besser wiedergibt als die meisten einzelnen Schätzungen. Und man könnte ein anderes Experiment bei der Abendgesellschaft machen: Jeder soll aufschreiben, welches Vermögen die reichste Person in Deutschland hat. Die Schätzungen werden sehr verschieden sein, doch wenn man den Mittelwert berechnet, wird man ziemlich nah an dem wahren Wert liegen (sofern man diesen wahren Wert in Erfahrung bringen kann).

Walser, Martin: Meßmers Reisen. Suhrkamp, Frankfurt 2005. Was hat das Buch eines Schriftstellers in dieser Liste zu suchen? Ganz einfach: Viele Sätze in dieser Sammlung von Gedanken entsprechen wissenschaftlichen Thesen von Hirnforschern – das spricht für die Verbindung der gedanklichen Welten von Künstlern und Wissenschaftlern. Überwindung von Grenzen ist der wichtigste Schritt aus der eigenen Begrenztheit heraus. Und wenn man über die Grenzen geht, dann gewinnt man auch einen neuen Zugang zu sich selbst, zu seiner Identität. Ein paar Beispiele aus dem Buch von Martin Walser:

»Tatsächlich ist die Identität am wenigsten problematisch beim Geschlechtsverkehr.« (Sofern man bei dieser Tätigkeit nicht nebenbei noch in einen reflexiven Zustand gerät.)

»Wie weit muss man fahren, um fort zu sein.«

»Ihm war alles recht, außer er selbst.«

»Wenn es einem schlecht geht, denkt man an das Leben. Wenn's einem gut geht, an den Tod. Die Waage.«

»Ich sähe mich gern anders, als ich bin, werde aber dadurch nicht so, wie ich mich gern sähe.«

»Schuldfähigkeit ist die höchste Fähigkeit, zu der ein Mensch sich entwickeln kann.«

»Ich bewundere Menschen, die wenig Zustimmung brauchen.«

»Ich bin nicht, der ich bin.«

»Wir sind nicht die, die wir scheinen. Jeder verstellt sich dem Nächsten zulieb.«

»Hätte man doch, als man lebte, gelebt.«

Und das Buch hört auf mit dem Satz: »Alles, was ich mir sagen kann, ist nichts gegen das, was ich mir nicht sagen kann.« Immer wieder wird das Grundproblem der Neurowissenschaften angesprochen, wie nämlich »Identität« erzeugt und erhalten werden kann, sei es die Identität dessen, was sich gerade in meinem Bewusstsein beim Sehen oder Denken abspielt, oder sei es die Selbst-Identität: Woher weiß ich, wer ich bin?

Bildnachweis

S. 33 Alexander Luria, Lomonosov Universtität, Moskau

S. 96 Monade iStockphoto/Duncan Walker

S. 101 Filmstill aus Vikram Jayanti, *Game over: Kasparov and the Machine*, 2003 © The Kobal Collection/Alliance Atlantis

S. 107 Harry Bliss, Cartoon (ohne Titel), The New Yorker, 7. Mai 2001 © Harry Bliss/The New Yorker Collection/www.cartoonbank.com

S. 135 Charles Addams, Cartoon *Mallifert twins*, The New Yorker, 4. Mai 1981 © Charles Addams. Mit freundlicher Genehmigung von Tee and Charles Addams Foundation

S. 167 Honda, www.honda.de

S. 175 Die Entscheidungspyramide © Ernst Pöppel

S. 197 5-Ebenen-Modell des Entscheidens © Ernst Pöppel

S. 209 Jordan Awan, Cartoon *Brain,* The New Yorker, 13. März, 2013 © Jordan Awan/The New Yorker © Condé Nast 2013

S. 286 Mann oder Maus? © Ernst Pöppel

Über dieses Buch

»›Wer es schafft, mit solch einer Leichtigkeit und soviel Hunor ganz Deutschland denken zu lassen, man sei dumm, der kann nur äußerst intelligent sein.‹« Das hat Peter Ustinov über mich gesagt, und ich sage es über dieses Buch, in dem auch viel mit Dummheit und Intelligenz gespielt wird.
Verona Pooth, Werbeikone, die sowohl wegen Ihres Aussehens als auch wegen eines Grammatikfehlers berühmt geworden ist.

»Unter anderem macht auch Lesen dumm, behaupten die Autoren, und nachdem sie sagen, dass sie Vielleser sind, wissen wir schon, was wir von dem halten sollten. Also Finger weg von den Büchern, liebe Leser. Ich meine natürlich nicht alle Bücher – dieses hier dürft Ihr schon noch kaufen, vielleicht sogar lesen.«
Zé do Rock, brasilianisch-deutscher Schriftsteller, seine Bücher in »Ultradoitsh«, »Wunschdeutsch«, »Siegfriedisch« und »Kauderdeutsch« verfasst, satirisch verfremdete Spielarten der deutschen Rechtschreibung und Grammatik.